아니다,
성장은
가능하다

끝이 보이지 않는 침체기, 현상 유지가 최선인가?
아니다, 성장은 가능하다
ⓒ유필화·헤르만 지몬, 2013

초판 1쇄 인쇄 2013년 10월 4일
초판 1쇄 발행 2013년 10월 14일

지은이 유필화·헤르만 지몬
펴낸이 유정연

책임편집 최창욱
기획편집 김세원 김소영 장지연 **전자책** 이정 **디자인** 신묘정 이애리
마케팅 조민호 최현준 **제작** 문정윤 **경영지원** 박승남

펴낸곳 흐름출판 **출판등록** 제313-2003-199호(2003년 5월 28일)
주소 서울시 마포구 서교동 464-41번지 미진빌딩 3층(121-842)
전화 (02)325-4944 **팩스** (02)325-4945 **이메일** book@hbooks.co.kr
홈페이지 http://www.hbooks.co.kr **블로그** blog.naver.com/nextwave7
출력·인쇄·제본 (주)상지사P&B **용지** 월드페이퍼(주) **후가공** (주)이지앤비(특허 제10-1081185호)

ISBN 978-89-6596-088-1 13320

- 흐름출판은 독자 여러분의 투고를 기다리고 있습니다. 원고가 있으신 분은 book@hbooks.co.kr로
  간단한 개요와 취지, 연락처 등을 보내주세요. 머뭇거리지 말고 문을 두드리세요.
- 파손된 책은 구입하신 서점에서 교환해 드리며 책값은 뒤표지에 있습니다.

이 도서의 국립중앙도서관 출판시도서목록(CIP)은 e-CIP홈페이지(http://www.nl.go.kr/ecip)와 국가자료공동목록시스템
(http://www.nl.go.kr/kolisnet)에서 이용하실 수 있습니다. (CIP제어번호 : CIP2013019230)

살아가는 힘이 되는 책 흐름출판은 막히지 않고 두루 소통하는 삶의 이치를 책 속에 담겠습니다.

끝이 보이지 않는 침체기, 현상 유지가 최선인가?

유필화 · 헤르만 지몬 지음

아니다, 성장은 가능하다

흐름출판

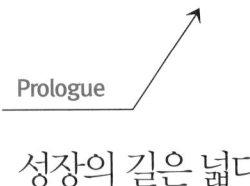

Prologue

성장의 길은 넓다

■

기업은 성장의 길을 택할 수밖에 없다. 성장하든가 뒤처지든가 둘 중 하나뿐이기 때문이다. 동태적인 경제하에서는 정지한다거나 그 자리에 머무른다는 일은 있을 수 없다. 따라서 성장은 기업경영의 당위Sollen이다. 그러나 특히 최근 들어 기업경영이 어렵다 보니 적지 않은 경영자들이 성장의 한계를 느끼는 듯하다. 그러나 우리는 한 기업 또는 경제의 성장에 한계가 있느냐 없느냐 하고 물을 것이 아니라, 소비자나 고객에게 충족되지 않은 필요욕구와 풀리지 않은 문제가 있느냐 하고 물어야 한다. 세계는 그러한 문제와 욕구, 필요로 넘치고 있다. 산더미 같은 쓰레기, 환경오염, 범죄, 계층 간 갈등 등의 각종 사회문제, 교통체증,

인간성 상실, 사회간접자본 부족, 교육문제, 부정부패, 노사문제 등 우리가 해결해야 할 과제는 끝이 없다. 그러나 이렇게 오늘날 아직 해결되지 않았거나 해결할 수 없을 것처럼 보이는 문제들이 사실상 바로 엄청난 성장의 기회다. 언젠가 넬슨 록펠러가 다음과 같이 말했다.

"내가 어디를 보더라도, 기회의 원천은 해결을 기다리는 '문제들'이다."

오늘의 기업인들이 새겨들어야 할 말이다.

그러면 기업은 '성장의 기회'라는 보물을 어떻게 찾을 수 있을까? 이를 위한 아주 중요한 접근 방법의 하나는 경영자가 경제와 경영의 큰 흐름을 파악하고 그 속에서 성장의 가능성을 포착하는 것이다. 그렇게 하려면 그는 우선 모든 고정관념과 선입견에서 벗어나야 한다. 그러고서 늘 시장에 귀를 기울이고, 해외 동향과 경쟁사의 움직임을 주의 깊게 관찰해야 한다. 무엇보다도 열린 눈으로 세계를 다니면서 문제를 인식해야 한다. 그러나 문제는 첫째, 매우 바쁜 일상생활에 매몰되어 있는 경영자들이 그렇게 하기가 결코 쉽지 않다는 것이다. 둘째, 그들이 간신히 그렇게 한다손 치더라도 그들의 기업과 경영에 영향을 미칠 '거대한 동향megatrend'을 모두 정확히 파악하기는 무척 힘들다. 이 책은 이렇게 성장의 기회를 애타게 찾고 있는 경영자들의 절실한 요구에 부응하기 위해 쓰여졌다.

구체적으로 이 책은 미래의 기업경영에 크나큰 영향을 미칠 경영·경제의 주요 추세 다섯 개를 다루고 있다. 그것들은 세계화, 이익 중심의 경영 패러다임, 제품 세계의 변동, 달라진 소비자 행동, 총체적인 네트워킹 등이다. 이 다섯 개의 흐름은 특히 2008년의 세계 금융위기 이후 조금 더 거세지고 있는 듯하다.

먼저 세계화를 보면, 지난 30여 년간 세계화를 나타내는 모든 지표들의 수치가 엄청나게 늘어났다. 그리고 이런 추세는 계속될 뿐만 아니라 더 빨라질 것으로 예상된다. 이렇게 가속화되는 세계화는 세계의 모든 기업에게 무한한 성장의 가능성을 열어주고 있다. 그리고 세계시장을 석권하고 있는 독일의 히든 챔피언들은 이러한 세계화의 추세에 잘 대처한 기업경영의 전범을 보여주고 있다. 우리는 한국도 앞으로 얼마든지 히든 챔피언들을 더 배출할 수 있다고 확신하며, 그렇게 하기 위한 우리의 제안을 1부의 끄트머리에서 논의하고 있다.

그동안 국내외 업계에는 매출/시장점유율 목표 위주의 사고방식이 널리 퍼져 있었다. 그것은 경험곡선효과 experience curve effect라는 개념, 유명한 BCG 도표 BCG Matrix, 그리고 PIMS Profit Impact of Marketing

Strategy 프로젝트 연구 결과 등의 지속적인 영향 때문이었다. 그러나 이제는 많은 기업들이 어떤 값을 치르고서라도 성장을 추구하지는 않는다. 즉 점점 더 많은 경영자들이 이익 증대와 매출 증대를 모두 고려하고 양쪽을 저울질한다. 그래서 요즘은 '이익을 내는 성장profitable growth'이란 말이 많이 쓰이고 있다.

요즈음 국내외의 많은 기업들이 어디를 둘러봐도 희망이 별로 안 보인다고 한숨짓고 있다. 그런데 상대적으로 우리 기업들의 존재감이 무척 약했던 초저가시장ultra low-price segment과 초고가시장ultra high-price segment은 미래의 전망이 매우 밝다. 그러나 우리 기업들이 이 두 시장에 들어가서 성공하려면 지금까지 해왔던 것과는 전혀 다른 차원의 새롭고 창의적인 전략이 필요할 것이다.

지난 2008년 9월 세계 금융위기가 발생한 뒤 한때 많은 면에서 소비자의 행동과 태도가 크게 달라졌다. 그 가운데 어떤 행동과 태도의 변화가 일시적인 현상에 그치고 또 어떤 변화가 항구적으로 정착할지는 두고 보아야 한다. 어쨌든 소비자 행동이 다시 정상화되기까지는 상당한 시간이 걸릴 것으로 보이고, 분명히 어떤 변화들은 영구적인 현상으로 남을 것으로 생각된다. 우리는 경제위기 후 달라진 소비자 행동의 핵심적인 내용과 기업이 이러한 변화에 대처하는 데 도움이 될 만한 실용적인 방안들을 4부에서 논의하고 있다.

인터넷은 기업경영에 이미 깊이 들어와 있다. 그럼에도 불구하고 우리는 아직 시작 단계에 있다. 인터넷의 결정적인 두 능력(수많은 수요자와 공급자를 연결하는 능력과 0에 가까운 비용으로 디지털 제품을 배포하는 능력)의 활용에 관한 한, 기업경영은 아직도 초기 단계에 있기 때문이다. 애플은 디지털 제품을 거의 비용을 안 들이고 유통시킬 수 있다는 인터넷의 속성을 제대로 이해하고 그것을 멋지게 활용한 극소수 회사의 하나다. 인터넷의 네트워킹 능력을 활용해서 크게 성공한 회사는 지금까지는 구글Google뿐이다. 페이스북Facebook도 성공의 길을 걷고 있는 듯하다. 그러나 우리는 앞으로 더 많은 새로운 발상, 사업모델, 성공을 보게 될 것이다. 한국인의 뛰어난 인터넷 활용 능력과 디지털 시대에 더욱 힘을 발휘하고 있는 '한글'을 생각하면, 우리 기업들이 총체적인 네트워킹 시대에 훌륭한 사업 기회를 발굴할 수 있는 가능성은 매우 높다.

이렇게 이 책은 경영의 미래를 바라보는 책이며, 우리 저자들이 미국·아시아·유럽의 세 대륙에서 일을 하면서 얻은 여러 가지 경험을 반영하고 있다. 우리 두 사람은 약 30년 전부터 매우 긴밀히 서로 협조하고 있으며, 이러한 협력관계를 통해 얻은 많은 아이디어와 시사점을 한국의 독자들, 특히 경영자들에게 전하고 싶다.

우리는 이 책이 한국의 경영자들에게 큰 도움이 되기를 희망하며, 또한 한국 경제가 더욱 세계화의 길로 나아가는 데 이바지하기를 기원한다.

흐름출판의 유정연 사장과 편집부는 긴 작업 기간 내내 격려와 조언을 아끼지 않았다. 성균관대학교 영문학과의 원공재 씨와 유필화의 외동딸 유한나는 많은 양의 원고를 꼼꼼히 타이핑해주었다. 우리들의 아내 이기향과 세실리아는 이 책이 쓰여지는 동안 많은 시간을 참아주었으며, 우리의 작업을 깊은 이해심을 갖고 지켜보아 주었다. 우리는 이들에게 진심으로 고마움을 전하며 이 책을 바친다.

2013년 10월

유필화　　　　*헤르만 지몬*
대한민국 서울　*독일 본*

Contents

Prologue 성장의 길은 넓다 ▪▪ 4

PART 1 성장의 해법은 세계화에 있다

세계화의 속도가 더 빨라진다 ▪▪ 14
미래의 핵심 시장을 정확히 파악하라 ▪▪ 22
세계 인구의 변화 속에 기회가 보인다 ▪▪ 29
미래는 아시아의 시대다 ▪▪ 32
중국과 인도의 놀라운 약진 ▪▪ 39
거대도시의 급증에 따른 기회와 도전 ▪▪ 52
유라프리카와 치메리카의 대두 ▪▪ 55
반세계화의 위험 ▪▪ 62
경제민주화를 위한 히든 챔피언 육성 ▪▪ 69
  야심찬 목표 / 전략적 초점 / 세계화 / 고객과 가깝다 / 높은 혁신성 / 시장과 기술의 통합 / 뚜렷한 경쟁우위 / 자신의 힘에 의존한다 / 종업원의 애사심이 강하다 / 강한 지도력
히든 챔피언은 왜 강한가? ▪▪ 82
  히든 챔피언의 전범 에네르콘 / 차별화와 원가우위를 모두 달성한 트룸프
한국형 히든 챔피언 육성 방안 ▪▪ 98

PART 2 이익을 내는 성장을 추구하라

주주가치 예찬 ■■ 106
스톡옵션이 아닌 주식매수다 ■■ 111
시장점유율 신화에서 벗어나라 ■■ 116
이익 중심의 경영이 필요하다 ■■ 124
마진에 비례해서 판매수수료를 주라 / 때로는 시장점유율 감소를 감수하라 / 지나치게 고객의 환심을 사려고 하지 마라

PART 3 제품 세계의 지각 변동을 주시하라

초저가시장과 초고가시장에 눈을 돌리자 ■■ 134
돈보다 머리로 혁신하라 ■■ 146
자동화가 노동환경과 소비환경을 바꾼다 ■■ 150
예외적으로 좋은 서비스를 제공하라 ■■ 155
서비스의 기본에 더 충실하라 / 일상적인 절차와 훈련만으로는 부족하다

PART 4 달라진 소비자 행동에 대처하라

달라진 소비자 행동의 유형 ■■ 164
신뢰의 상실 / 미래에 대한 불안감 / 불리한 방향으로의 가격탄력성의 변화 / 뚜렷한 효용과 원가우위의 중요성 / '단축된 시간' 선호 / 자금 융통의 중요성 / 안전의 중요성

기업은 어떻게 대처해야 하는가 ■■ 174
과감한 보장으로 고객이 느끼는 위험을 줄인다 / 시험 사용 시간을 제공한다 / 해약 또는 반품 조항을 넣는다 / 대금 지불을 고객의 성공 여부와 연관시킨다 / 구체적인 편익과 원가절감 효과를 강조한다 / 고객의 자금 조달을 도와준다 / 물물교환을 받아들인다 / 새로운 사업모델과 서비스모델을 개발한다 / 풍성한 서비스를 제공함으로써 가치사슬을 심화한다 / 제품 판매회사에서 시스템 제공회사로 변신한다 / 애프터시장에 눈을 돌린다 / 수익이 안 나는 시장을 피한다

PART 5 | 총체적인 네트워킹 시대의 도래

인터넷의 결정적인 특성 ▪▪ 206
디지털화가 가져오는 유통의 마진 ▪▪ 209
종이책의 좁아지는 입지 ▪▪ 213
신문의 운명 ▪▪ 217
인터넷 세계에 성공적으로 진입하기 ▪▪ 223
인터넷의 네트워킹 능력은 시장의 핵심기능과 통한다 ▪▪ 225
소셜 네트워크의 환상적인 가능성 ▪▪ 230
인터넷 마케팅의 도전 ▪▪ 234
고객과 네트워킹하는 데 더 많은 시간을 쏟아라 ▪▪ 240

Epilogue ▪▪ 246
주 ▪▪ 248
찾아보기 ▪▪ 254

PART 1
성장의 해법은 세계화에 있다

세계화의 속도가
더 빨라진다

앞으로 우리가 살아갈 시대에서의 세계화의 중요성은 아무리 강조해도 지나치지 않다. 지난 50년간 우리의 삶을 가장 많이 바꾼 '거대한 동향megatrend'은 무엇일까? 이 질문을 사람들에게 던지면, 아마 우리가 제일 자주 듣는 대답은 정보기술IT일 것이다. 똑같은 질문을 30~40년 후에 해본다고 하자. 그러면 그 대답은 '세계화'일 가능성이 매우 높다.

사실 세계화는 최근에 들어서서야 본격적으로 시작되었고, 점차 그 속도가 빨라지고 있다. 〈그림 1-1〉은 이와 같은 사실을 사뭇 인상적으로 보여준다. 이 그림에서 알 수 있다시피 세계화의 모든 지표들은 몇 배나 많이 늘어났다. 오늘날 이 분야에 관한 책은 30년

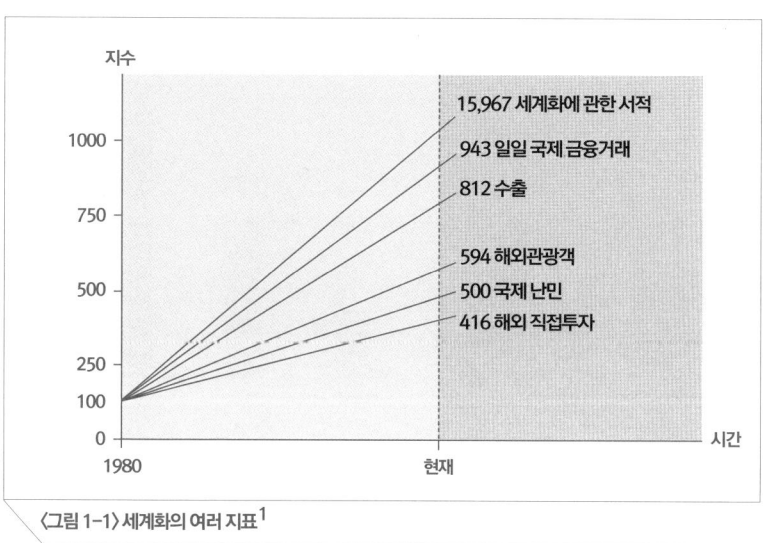

〈그림 1-1〉 세계화의 여러 지표[1]

전에 비해 거의 160배나 더 많이 출간되고 있다. 또한 국경을 넘는 일일 금융거래도 지표가 943이 될 정도로 많이 늘었다. 반면에 해외 직접투자는 '겨우' 네 배밖에 늘지 않았다. 이러한 여러 성장률은 한결같이 선진국들의 경제성장률보다 훨씬 높다.

세계화와 관련해서 특히 중요한 지표는 세계 인구의 1인당 수출액이다. 〈그림 1-2〉는 이 수치가 지난 1900년부터 어떻게 변해 왔는지 보여준다. 이 그림에서 우선 눈에 띄는 것은 지난 수십 년 간 세계화의 발걸음이 아주 뚜렷하게 빨라졌다는 사실이다. 그림을 자세히 살펴보면 20세기가 시작된 지난 1900년에 세계 인구의 1인당 수출액은 불과 6달러였고, 50년이 지난 1950년에도 겨우

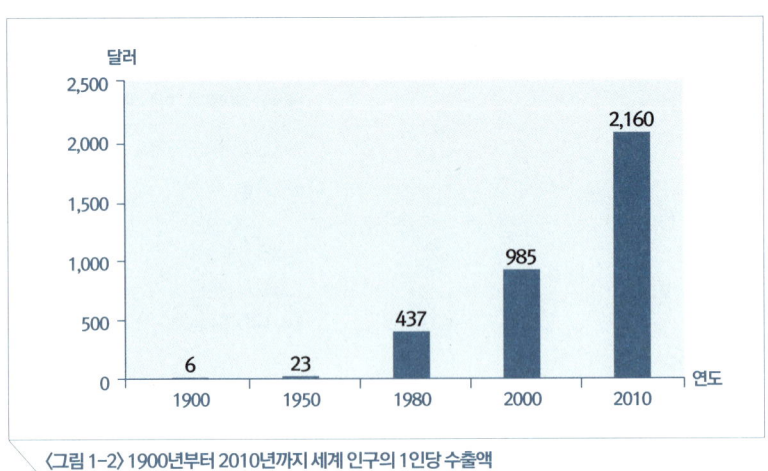

〈그림 1-2〉 1900년부터 2010년까지 세계 인구의 1인당 수출액

23달러였다. 그 사이 발발한 제1차 세계대전과 제2차 세계대전 탓에 국제무역 구조가 파괴되었고, 수출의 발전은 수십 년이나 뒷걸음질했다. 그 후 30년 동안, 즉 1950년에서 1980년까지 세계무역은 그야말로 비약적으로 성장했다. 1980년에 437달러에 달한 세계의 1인당 수출액이 갑절이 되는 데는 20년이 걸렸다. 그러나 21세기에 들어서서는 10년도 채 안 걸려서 두 배가 되었다.

그 절대액으로 이야기하면, 세계의 상품교역은 1900년에 99억 달러였는데(당시 세계 인구는 16억5,000만 명이었다) 그것이 2010년에는 15조2,380억 달러로 늘어났다(2010년의 세계 인구는 약 67억 명이었다). 즉 100여 년 동안에 국제 상품교역은 무려 1,500배 이상 성장한 것이다. 그런데 우리는 여기서 직접투자와 서비스 수출(예:

금융 서비스, 소프트웨어 개발, 인도의 콜센터 등)은 고려하지 않았다. 아마 이것들을 포함시키면 국제교역의 성장 규모는 또 다시 갑절이 될 것이다. 그러나 세계화의 다른 지표들은 지난 30년간 수출보다 더 많이 성장했다. 예를 들어, 앞에서 언급했듯이 국경을 넘는 금융거래는 1980년 이후 아홉 배 이상 늘었으며, 오늘날 국제관광객의 수는 1980년에 비해 여섯 배나 많다(〈그림 1-1〉 참조).

세계경제의 위기로 말미암아 세계의 수출액은 2009년에 22퍼센트 이상 감소한 바 있다. 그러나 그것도 이러한 상승 추세를 꺾지는 못했다. 그래서 우리는 앞으로도 세계무역은 꾸준히 견실하게 성장할 것이라고 확신한다. 세계화의 물결에 참여하는 국가 및 기업들에게는 그것이 더할나위 없는 성장의 원동력이 될 것이다.

세계 각국의 수출경쟁력

세계화와 관련하여 특히 시사점을 많이 주는 자료는 주요 국가들의 수출액과 1인당 수출액이다. 〈그림 1-3〉과 〈그림 1-4〉는 세계 주요 국가들의 2011년도 수출액과 1인당 수출액을 각각 보여주고 있다. 그림에서 보다시피 중국은 현재 세계에서 수출을 가장 많이 하고 있지만, 수출경쟁력의 지표라고 할 수 있는 1인당 수출액은 독일이 단연 1위다. 그러나 각 나라의 1인당 수출액을 서로 비교하

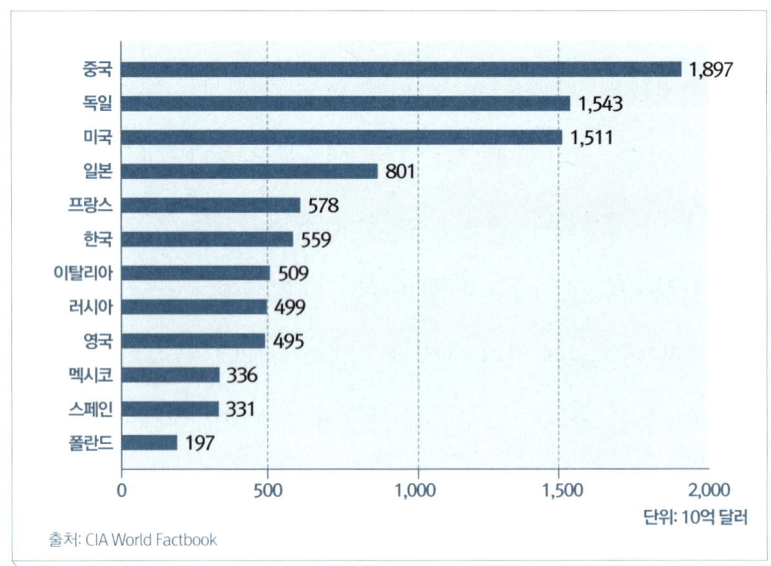

〈그림 1-3〉 세계 주요 국가의 2011년도 수출액

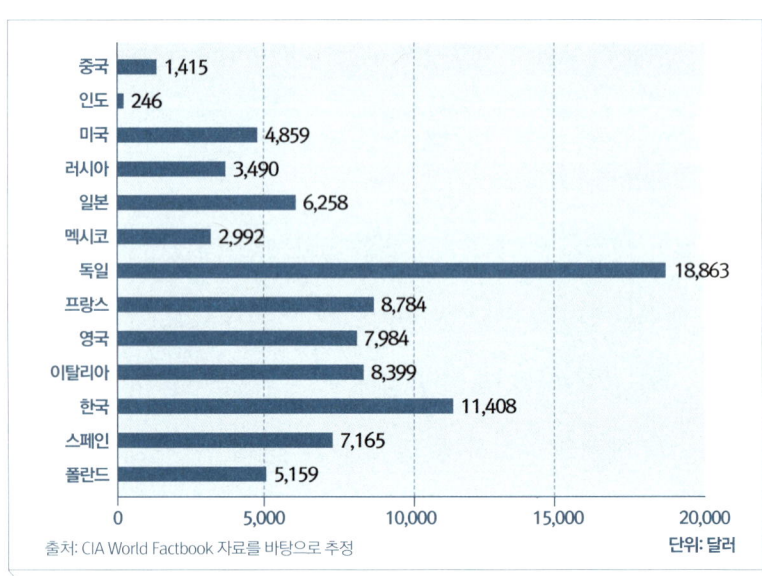

〈그림 1-4〉 세계 주요 국가의 2011년도 1인당 수출액

는 것은 그 나라들의 인구수가 어느 정도의 크기 이상일 때만 의미가 있으며, 그 까닭은 다음과 같다.

예를 들어, 어느 나라의 국민이 딱 한 사람이고 그는 자신이 생산한 것을 모두 다른 나라와 바꾼다고 하자. 그러면 이 나라의 1인당 수출액은 국민총생산GDP과 같다. 즉 수출과 수입의 비율은 모두 100퍼센트다. 거꾸로 우리가 사는 지구가 단 하나의 나라로 이루어졌다고 가정하자. 그러면 1인당 수출액은 0이 된다. 즉 인구가 적을수록 1인당 수출액은 커지는 경향이 있다. 1인당 수출액의 국가 간 직접적 비교는 이러한 문제점이 있기 때문에 〈그림 1-4〉는 비교적 인구가 많은 수출강국만을 보여주고 있다. 또한 우리는 인구의 차이로 인한 효과를 제거하기 위하여 선형회귀분석 linear regression analysis을 했으며, 그 결과는 아래와 같았다.

$$1인당\ 수출액 = 7{,}391 - 5.16 \times 인구수$$

인구수는 단위가 100만 명이므로, 이 공식에 따르면 한 나라의 1인당 수출액은 인구가 1,000만 명 올라갈 때마다 51.6달러만큼 내려간다(물론 그 반대도 성립한다). 이 회귀방정식의 결정계수 determination coefficient, R^2는 0.384이므로 만족스럽다고 할 수 있다. 즉 나라들 사이의 1인당 수출액의 분산variance의 38퍼센트가 인구수에 의해 설명된다. 그리고 회귀선regression line 자체는 이른바 '실증적 정상치empirical normal value'를 뜻한다. 즉 만일 어느 나라의 1인당 수출액이 위의 회귀방정식에 의해 표현되는 회귀선 위에 있으면, 그 나라의 1인당 수출액은 바로 이 회귀방정식이 기대하는 실증적 정상치다. 그렇다면 이 실증적 정상치로부터 얼마나 떨어져 있는가는 한 나라의 수출경쟁력의 매우 재미있는 지표가 된다. 〈그림 1-5〉는 이러한 실증적 정상치와 실제 1인당 수출액의 차이를 보여주는데, 그 결과는 참으로 놀랍다.

우선 독일의 수출경쟁력은 그야말로 압도적이다. 여러 문헌에서 이미 많이 언급되었지만, 독일의 이러한 뛰어난 수출경쟁력의 진정한 원천은 1,300개가 넘는 초일류 중소기업들, 즉 히든 챔피언들이다. 독일에 이어 세계 제2의 수출경쟁력을 갖고 있는 나라는 바로 우리나라다. 무척 자랑스럽기는 하지만 독일과의 차이는 아직 매우 크다. 독일과는 달리 우리나라의 수출은 삼성전자, 현대자동차, LG전자 등 몇몇 대기업이 주도하고 있기 때문에, 우리가 독일처럼 압도적인 수출경쟁력을 가지려면 한층 더 많은 히든 챔피언들을 육성해야 할 것이다. 또 그림에서 보다시피 2009년 이후 수출을 가장 많이 하는 나라가 된 중국도 1인당 수출액이 정상치보

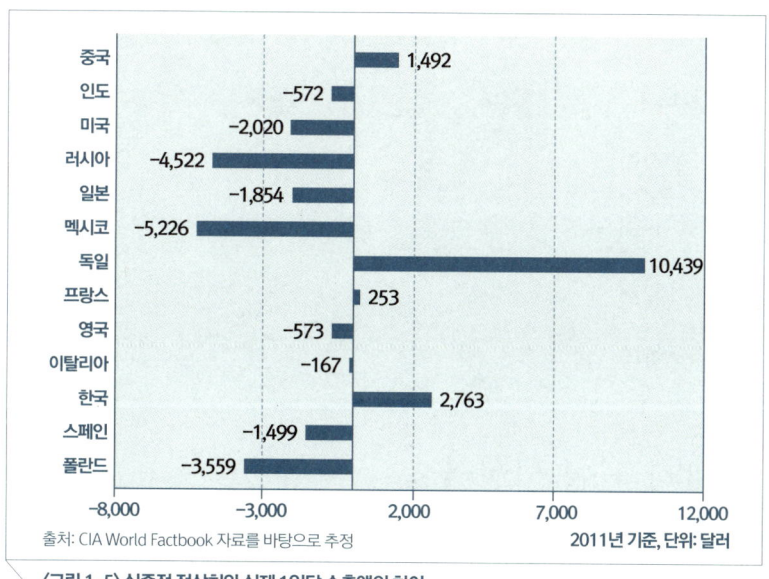

〈그림 1-5〉 실증적 정상치와 실제 1인당 수출액의 차이

다 많다. 반면에 미국과 일본은 그것이 정상치보다 현격히 낮다.

또한 이 그림은 앞으로도 국제교역량이 더 늘어날 것이라는 가정에 힘을 실어준다. 예를 들어, 미국과 일본이 정상치에만 도달해도 이 두 나라로부터의 수출 물량이 매년 약 8,000억 달러 이상 더 늘어날 것이다. 이것은 2011년 일본의 수출액보다도 더 높은 수치다. 이러한 맥락에서 보면 미국의 수출을 갑절로 늘리자고 한 미국 오바마 대통령의 제안은 시사하는 바가 매우 크다. 그렇게 되면 미국도 정상치를 넘을 것이다. 이 목표가 지나치게 야심차게 들리기는 하지만, 그것이 지향하는 방향은 아주 바람직하다.

미래의 핵심 시장을
정확히 파악하라

　　　　　　　　　　중국이 비약적으로 성장하고 또 그 뒤를 이어 몇몇 개발도상국들이 뜬 뒤, 우리는 아시아가 미래의 중심 지역이 될 것이라는 말을 많이 들어왔다. 그러나 이것이 전적으로 맞는 말은 아니다. 우리는 조금 더 차별화된 분석을 해볼 필요가 있다. 〈그림 1-6〉은 세계 주요 국가의 2010년 GDP와 2025년의 예상 GDP를 보여준다.

　우리는 중국과 인도는 매년 6퍼센트씩, 브라질은 매년 5퍼센트씩 성장할 것이라고 가정한다. 또 우리가 가정하는 미국과 일본의 연간성장률은 각각 2.5퍼센트와 1퍼센트다. 유럽에서 독일이 차지하는 비중과 그 나라의 특수성을 감안하여 우리는 EU와 독일을 따로 보려고 한다. 그리고 독일을 제외한 EU와 독일이 모두 매년 1.5퍼센트씩 성장하리라고 가정한다. 여기서 우리가 가정한 예상 성장률은 아래의 두 문헌에 근거를 둔다.

- Global Economic Outlook of Conference Boards
- World Order in 2050

이와 같은 GDP의 장기적인 예측은 어디까지나 과감한 시도일 뿐이다. 우리는 이 사실을 여기서 우선 명백히 하고자 한다. 우리가 이러한 연습을 통해 달성하려는 목표는 최고의 정밀한 예측이 아니다. 그것은 세계경제의 맥락 속에서 각국의 경제가 어떻게 전개될 것인가를 대충 전망해보는 것이다.

지난 2010년 상반기에 중국은 이미 일본을 세계 제2의 경제대국의 자리에서 밀어낸 바 있다. 〈그림 1-6〉에서 우리는 다음과 같은 사실을 알 수 있다.

- 2025년에도 미국은 여전히 세계 제일의 경제대국일 것이다.
- 중국은 확고한 세계 제2의 경제대국으로 자리매김할 것이다.
- 독일을 제외하더라도 EU는 2025년에 여전히 중국보다 크고, 독

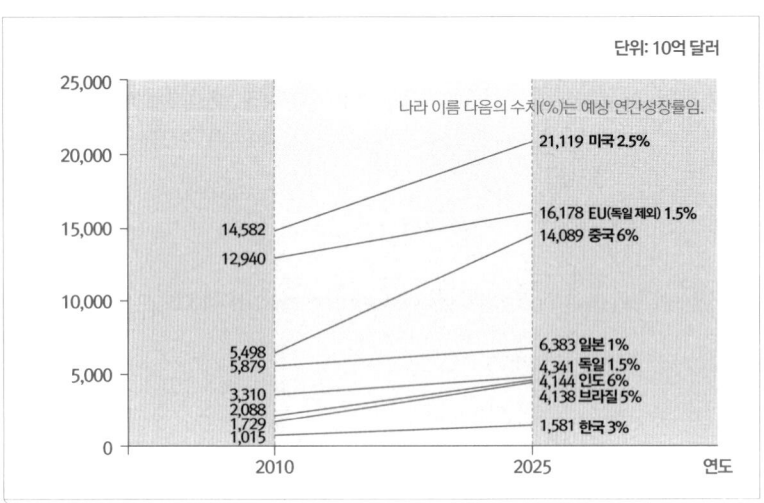

〈그림 1-6〉 주요 국가의 2010년과 2025년 GDP

일을 포함하면 미국의 경제력과 거의 대등하다.

- 일본은 4위에 머무른다.
- 2025년에는 독일, 인도, 브라질의 경제력이 서로 비슷비슷해질 것이다.
- 중국과 인도 간에는 여전히 큰 격차가 있을 뿐만 아니라, 그 차이의 절대값은 더욱 커질 것이다. 인도의 연간 성장률을 8퍼센트로 가정하더라도 인도는 중국과의 간격을 좁히지 못할 것이다.

이러한 내용을 종합해보면, 2025년에도 여전히 미국과 유럽이 세계경제를 주도할 것으로 예상된다. 그러나 중국은 제3의 경제대국으로서 세계무대의 또 하나의 주역이 된다. 즉 대서양 경제권이 세계경제를 압도하던 시대에서 유라시아 경제권이 한층 더 큰 구실을 하는 시대로 바뀌는 것이다. 바꾸어 말하면, 미국-유럽의 양극체제에서 중국이 추가된 삼극체제가 된다. 여기서 우리는 일본의 세계적인 경영컨설턴트 오마에 겐이치가 1980년대에 주창했던 삼극체제triad의 개념을 상기해볼 필요가 있다.[2] 오마에는 당시 미국, 유럽, 일본이 세계경제의 세 개의 큰 축을 이루고 있다고 보았다. 그러나 일본은 지난 20년간 정체했으며, 그 결과 이제는 비중이 많이 떨어졌다. 이러한 추세는 앞으로도 계속될 것으로 보인다. 우리는 또 2025년의 세계를 다극체제로 보아야 할지도 모른다. 그것은 미국·EU·중국보다는 훨씬 규모가 작지만 그래도 상당한 경제력을 가진 브라질·인도 그리고 몇몇 다른 나라들이 세계경제의 새로운 축을 이룰 것이기 때문이다.

 기업이 시장을 선택하고 개척할 때는 시장의 크기에 못지않게 시장의 성장이 중요하다. 말할 것도 없이 시장점유율은 정체된 시장보다는 성장하는 시장에서 더 올리기가 쉽다. 그래서 세계 주요 국가들의 시장 규모가 2010년에서 2025년까지 얼마나 성장할 것인가를 계산해보면 중요한 통찰을 얻을 수 있을 것이다. 즉 우리는

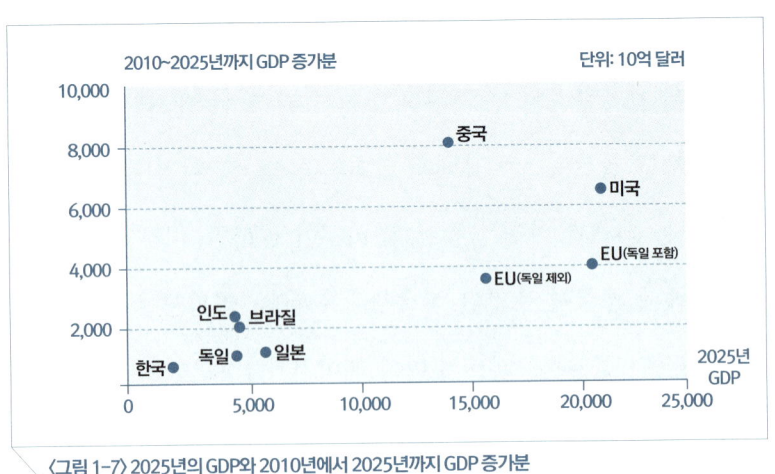

〈그림 1-7〉 2025년의 GDP와 2010년에서 2025년까지 GDP 증가분

시장의 크기와 성장을 모두 보는 편이 더 낫다. 〈그림 1-7〉은 각국의 GDP와 GDP 증가분을 보여준다.

이 그림은 우리에게 다음과 같은 사실을 알려준다.

- 가장 많이 성장할 나라는 역시 중국이다.
- 미국의 성장 규모는 두 번째고, 인도와 브라질의 예상 성장 규모보다 훨씬 크다. 이것은 비교의 시발점인 2010년에 미국의 경제 규모가 워낙 크기 때문이다. 그래서 우리가 한 나라 경제의 절대적 크기를 고려하지 않고 경제성장률만 보면 오류에 빠지기 쉽다.
- EU의 성장 규모도 상당하고, 인도나 브라질보다 양적으로 더

많이 성장할 것이다.

이렇게 놓고 보면, 우리 기업들은 앞으로 미국, 중국, EU에서 시장점유율을 높이기 위해 더욱 매진해야 한다는 결론이 나온다. 이 세 지역은 시장의 규모뿐만 아니라 절대적 성장 면에서도 아직도 가장 잠재력이 큰 시장들이다. 대부분의 우리 기업들은 이 세 지역에서 아직 높은 시장점유율을 차지하고 있지 않다. 그래서 한편으로는 커다란 도전이고, 또 한편으로는 가능성이 그만큼 더 크다고 할 수 있다. 그 밖에 우리 기업들이 시장기반을 더 확대해야 하는 주요 나라는 인도와 브라질이다. 한마디로 말해 앞으로도 미국과 유럽은 여전히 세계경제를 주도할 것이고, 미래는 아시아와 개발도상국가들에 있다는 말은 진실의 일부만을 반영하고 있는 것이다.

물론 지금까지 서술한 내용은 우리가 가정한 성장률에 달려 있다. 이 예상성장률이 크게 빗나가면, 2025년의 세계의 모습도 앞에서 기술한 것과는 많이 다를 것이다. 그러나 우리는 실제성장률이 여기서 설정된 성장률과 큰 차이가 없을 것으로 생각한다. 그래서 우리는 예측이 대체로 맞을 것이라고 조심스럽게 전망해본다.

또 앞의 내용은 전체 경제의 분석이지 개별 산업별 분석이 아니라는 사실도 우리는 여기서 강조하고자 한다. 산업에 따라서는 미래가 전혀 다른 방향으로 전개될 수도 있다. 벌써 미국이 아닌 중국이 세계 최대 시장인 제품이 적지 않게 있다.

세계 인구의 변화 속에
기회가 보인다

GDP와 GDP 성장률은 단·중기적으로는 의심의 여지없이 가장 중요한 시장매력도의 지표다. 그러나 더 장기적으로 보면 볼수록 인구변화의 비중이 더욱 커진다. 소득은 높지만 인구가 줄어드는 나라들은 장기적으로 전망이 밝지 않다. 반면에 인구가 늘고 1인당 소득도 올라간다면, 성장의 동력이 두 개나 있는 것이다.

〈그림 1-8〉은 주요 지역과 국가들의 인구가 2010년과 2050년 사이에 어떻게 달라질 것인지를 보여준다. 즉 여기서 우리가 고려하는 기간은 GDP의 전망을 논의할 때보다 훨씬 길다. 이 그림은 UN의 공식자료에 바탕을 두고 있다. 우리는 또한 인구변화를 쉽게

■■ 29

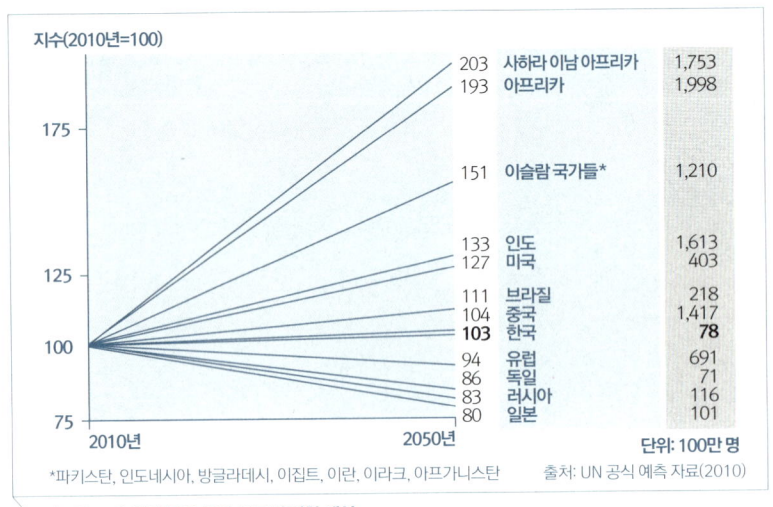

〈그림 1-8〉 세계 주요 지역 인구의 변화 예상

비교할 수 있도록 2010년의 인구를 100으로 한 지수를 쓰고 있다.

여기서도 우리는 뜻밖의 사실을 접하게 된다. 유엔의 공식자료에 따르면, 2010년부터 2050년까지 인구가 가장 많이 늘어날 지역은 아시아가 아니라 아프리카다. 아프리카의 인구는 2010년의 10억 3,000만 명에서 2050년에는 19억 9,000만 명이 될 것으로 예상된다. 세계 인구에서 아시아가 차지하는 비율은 60퍼센트에서 57퍼센트로 떨어질 것이고, 아프리카는 14.9퍼센트에서 21.8퍼센트로 늘어날 것이다. 또 이슬람교를 믿는 파키스탄, 인도네시아, 방글라데시, 이집트, 이란, 이라크, 아프가니스탄의 인구가 2010년의 7억 9,900만 명에서 51퍼센트 증가하여 2050년에는 12억 1,000만 명이 될 것이다. 인도와 미국은 비율 면에서 비슷하게 증가하여 각각 16억1,300만 명과 4억300만 명이 될 것이다. 또한 브라질의 인구는 앞으로 40년 동안 11퍼센트밖에 성장하지 않을 것으로 생각된다. 중국의 인구는 큰 변화 없이 14억1,700만 명이 될 것이다. 유럽의 인구는 줄어들 것이고 러시아와 일본의 인구는 더 많이 감소할 것이다.

결론적으로 말해, 세계의 인구는 현재 70억 명에서 2050년까지 22억4,000만 명 정도가 늘어 90억 명이 넘을 것으로 예상되지만, 인구증가율은 지역에 따라 엄청난 차이가 있을 것이다.

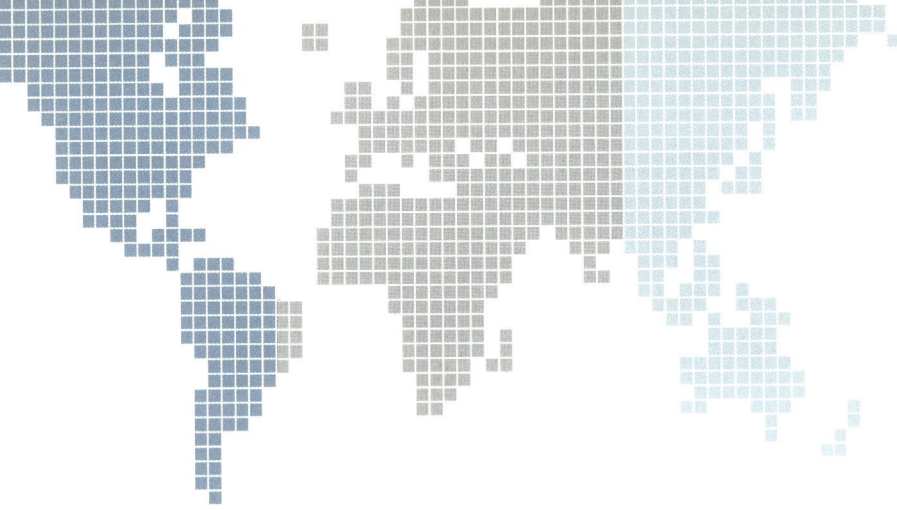

미래는
아시아의 시대다

미래는 아시아의 시대다. 앞의 〈그림 1-8〉에서 보았다시피, 현재 아시아의 인구는 세계 인구의 약 60퍼센트이고 2050년에도 57퍼센트 정도가 될 것으로 예상된다. 중국과 인도의 인구만 합쳐도 이 두 나라의 인구는 세계 인구의 37퍼센트이며, 2050년에도 여전히 약 33퍼센트나 될 것이다. 나머지 아시아 국가들의 인구는 현재 약 16억 명인데, 이것이 2050년에는 22억 명에 이를 것이다. ASEAN(동남아시아 국가연합) 하나만 놓고 보더라도 그것의 인구는 6억 명이므로, 5억 명의 인구를 갖고 있는 EU보다 더 크다.

그러나 인구 수치 자체는 한 지역의 경제력에 대해서 아무 것도 말해주지 않는다. 경제적 관점에서 볼 때 훨씬 더 중요한 것은 지난 30년 동안 아시아가 엄청나게 성장했다는 사실이다. 우리는 또한 앞의 〈그림 1-6〉과 〈그림 1-7〉에서 중국과 인도의 높은 예상 경제성장률을 부각시킨 바 있다. 게다가 2008년 금융 위기 이후 세계의 많은 회사들이 미국과 유럽에서 올리는 매출의 비중이 줄어들고 아시아 시장의 중요성이 더욱 커지는 것을 경험했다. 우리는 이러한 추세가 앞으로도 계속될 것으로 본다.

독일의 히든 챔피언 중 하나인 귀금속 및 기술 회사 헤라우스 Heraeus는 2007년도에 매출의 42퍼센트를 유럽에서 그리고 39퍼센트를 아시아에서 올린 바 있다. 그러던 것이 2011년에는 매출의 55퍼센트가 아시아에서 왔고, 불과 29퍼센트만이 유럽에서 왔다. 즉 2007년에는 유럽 매출이 아시아 매출의 108퍼센트였는데, 그것이 4년 후에는 53퍼센트로 떨어진 것이다. 또 유럽의 어느 커다란 기계 제작 하청회사는 금융 위기가 오기 전에 다음과 같이 예측한 바 있다.

"우리 회사의 유럽 매출과 아시아 매출은 2018년이 되어서야 비슷해질 것이다."[3]

그러나 유럽에서의 수요가 급격히 줄고 동시에 아시아에서의 매출이 지속적으로 늘어남에 따라 2012년에 벌써 두 지역에서의 매출이 비슷해졌다. 이렇게 되니 판매는 아시아에서 이루어지고 부가가치의 상당 부분은 아직 유럽에서 생산되는 현상이 나타났다. 이 회사의 경우, 생산시설을 대대적으로 그리고 빨리 유럽에서 아시아로 옮겨야 할 것이다.

기계제작회사 보쉬 렉스로트Bosch Rexroth의 최고경영자를 역임한 바 있는 알버트 히로니무스Albert Hieronimus는 아시아의 성장에 대해 아래와 같이 말한 바 있다.

"우리는 현지에 시설투자를 하고 현지시장의 요구사항을 이해하는 개발인력을 현지에서 확보해야만 아시아 시장의 성장에 동참할 수 있을 것이다."[4]

그는 또 이렇게 덧붙인다.

"이러한 과제를 수행하기에 필요한 인력의 90퍼센트는 현지에서 채용해야 할 것이다. 왜냐하면 그들만이 현지시장의 사정과 고객들의 욕구를 알고 있기 때문이다."

점점 더 많은 회사들이 연구개발시설을 개발도상국으로 옮기고 있으므로 이러한 경향은 앞으로 더 강해질 것으로 보인다. 우리는 이러한 현상을 '제3의 물결'이라고 부를 수도 있을 것이다. 즉 첫 번째 물결은 판매이고, 두 번째는 생산시설의 이전이며, 이제 제3의 가치창출활동으로서의 연구개발이 뒤따르고 있는 것이다.[5]

개발도상국들의 욕구와 필요에 맞춘 연구개발센터를 세우는 데 있어서 아시아는 중심적인 역할을 하고 있다. 이렇게 아시아는 급격히 변화하고 있고, 또 앞으로도 그럴 것이다. 우리는 이러한 아시아의 변화 및 미래와 관련하여 우리들에게 강한 인상을 주고 있는 이 지역의 몇 가지 측면을 여기서 언급하고자 한다.

- 아시아는 사실 극도로 이질적인 대륙이다. 그래서 아시아에 관한 어떠한 일반화도 틀리게 마련이다. 따라서 우리는 아시아를 나라별로 그리고 지역별로 보아야 하는데, 이것조차 문제가 많다. 예를 들어, 인도만 하더라도 다양성이나 이질성은 오히려 유럽보다 더하다고 보아야 할 것이다.
- 아시아에서는, 특히 중국에서는 규모나 크기 면에서 다른 지역을 압도하는 경우가 많다. 우리는 흔히 미국에서는 모든 것이 유럽 등의 다른 대륙에 비해 더 크다는 말을 많이 듣는다. 사실 미국에서는 자동차, 거리, 공항, 호텔, 기타 많은 시설이 매우 큰 경향이 있다. 그러나 중국에서는 미국에서 보는 것보다 훨씬 더 큰 것들이 수두룩하다. 예를 들어, 중국 강소성의 우진Wujin 산업단지는 넓이가 무려 $100 km^2$(제곱킬로미터)이다. 참고로 서울의 면적은 $600 km^2$, 뉴욕은 $790 km^2$, 베를린은 $800 km^2$, 베이징은 1만

6,000㎢이다. 베이징국제공항의 면적은 런던 히드로공항의 네 배다.
- 중국·베트남·미얀마·라오스 등 아시아의 여러 나라는 민주주의 정치체제가 아니다. 그러나 현지에서 정치시스템이 이야깃거리가 되는 적은 거의 없다. 현지인이 먼저 정치 이야기를 꺼내는 경우는 극히 드물며 그것도 그가 상대방을 아주 잘 알고 믿을 때뿐이다. 시장의 자유와 정치체제의 부자유가 언제까지나 함께 양립할 수 있을지는 확실하지 않다.
- 우리는 미래의 도시도 아시아에서 찾아볼 수 있다. 싱가포르는 대표적인 본보기다. 이 도시국가는 여러 가지 면에서 선도적이다. 예를 들어, 이 나라는 다문화 사회이고 최신 사회기반시설 infrastructure 을 갖추고 있으며, 뚜렷한 목표를 지향하는 산업정책을 쓰고 있다. 물론 인구 500만 명밖에 안 되는 작은 나라의 국가경영 모델을 훨씬 더 큰 나라에 그대로 적용할 수는 없을 것이다. 구매력을 감안한 1인당 국민소득은 싱가포르가 세계 4위다.
- 싱가포르와 홍콩 같은 도시국가를 제외하면 아시아에서는 일본이 경제면에서 가장 앞선 나라다. 일본의 2011년도 1인당 국민소득은 4만2,325달러, 미국은 4만7,132달러, 독일은 4만512달

러였다. 그러나 일본은 20년 전부터 나라가 활기를 잃고 있다. 가임여성 1인당 출산율이 1.27명밖에 안 되지만, 일본사회는 이민자들을 받아들이고 그들을 통합하는 것이 사실상 불가능하다. 〈그림 1-9〉에서 보다시피 일본은 모든 선진국들 가운데 비율로 보나 절대수로 보나 이민을 아주 적게 받아들이는 나라다. 그래서 앞으로도 일본의 성장 전망이 밝다고 보기는 힘들다.

- 우리나라의 2011년 1인당 국민소득은 2만3,749달러로서 비교적 높은 수준이다. 이에 비해 2011년 중국의 1인당 국민소득은 5,184달러 정도다. 또한 우리나라 여성의 평균 출산율은 1.24명으로서 전 세계 최하위권에 속한다. 게다가 일본과 마찬가지로 우리나라도 이민을 적극적으로 받아들이는 나라는 아니다. 그래서 정부와 기업들이 적극적으로 새로운 성장의 동력을 개발하고 인구·이민 문제를 전향적으로 다루지 않는 한, 앞으로 높은 성장을 기대하기는 어렵다. 그러나 한편 남북관계가 획기적으로 개선되고 통일 또는 통일과 가까운 사태가 전개되어 한국 기업들이 북한의 싸고 질 좋은 노동력과 풍부한 지하자원을 쓸 수 있게 되면, 그것은 우리에게 또 한 번 도약할 수 있는 기회가 될 것이다.

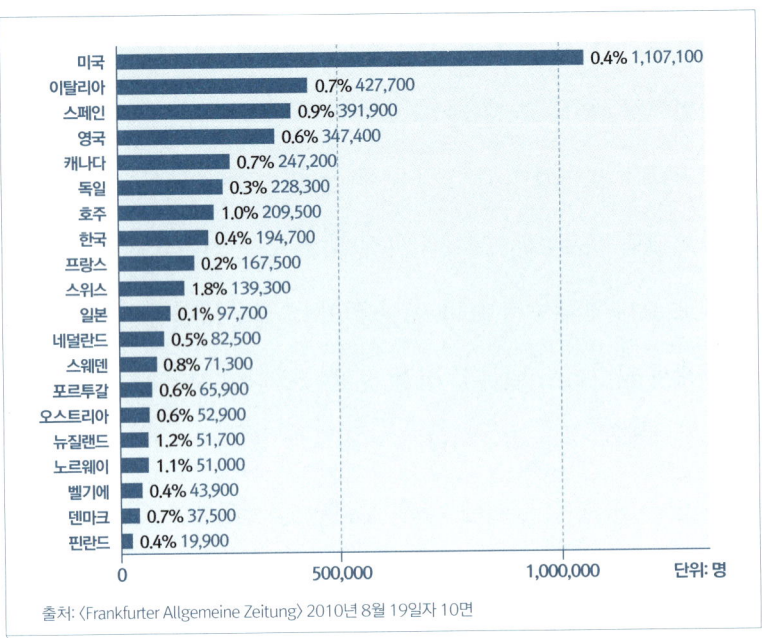

출처: 〈Frankfurter Allgemeine Zeitung〉 2010년 8월 19일자 10면

〈그림 1-9〉 선진국으로의 이민: 인구 대비 이민자의 비율과 절대수

　대다수 다른 나라들의 성장 전망은 근본적으로 다르다. 여기서는 성장 경쟁을 벌이고 있는 두 거대한 나라 중국과 인도에 초점을 맞추기로 한다. 이 두 나라는 실제로 미래의 시장이다. 그러나 둘은 또 서로 상당히 다르다. 이제 중국과 인도의 차이를 좀 더 자세히 살펴보자.

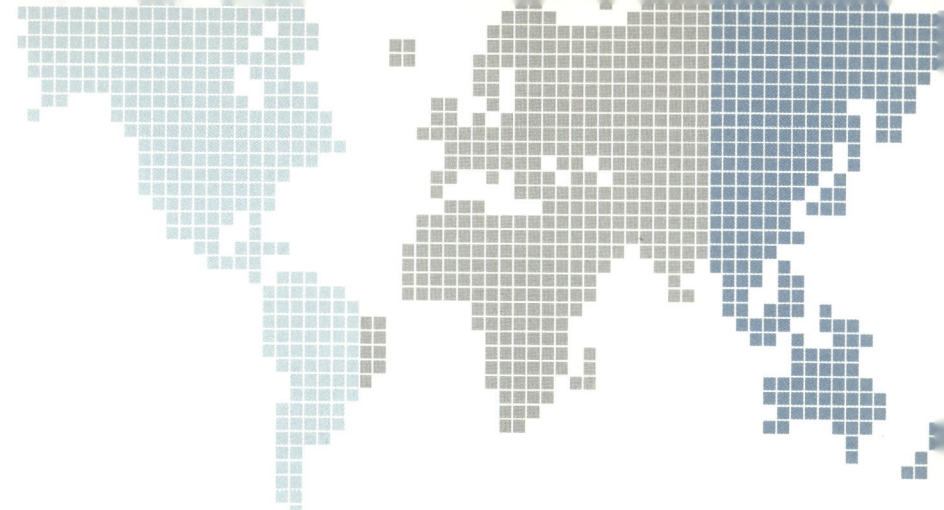

중국과 인도의
놀라운 약진

오늘날 "아시아"하면 우리는 먼저 중국과 인도를 생각한다. 두 나라의 인구를 합치면 약 26억 명이고 이것은 아시아 전체 인구 42억 명의 약 62퍼센트에 해당한다. 중국과 인도는 인구수가 엇비슷해서인지 흔히 같이 언급되고 또 두 나라가 서로 비슷한 것으로 간주된다. 그러나 우리가 앞의 〈그림 1-6〉과 〈그림 1-7〉에서 보았듯이 이것은 틀린 인식이다. 이 두 나라가 세계경제에서 하고 있는 역할이나 양국의 발전 단계와 사회상을 보면 중국과 인도는 서로 무척 다르다.

두 나라를 똑같이 취급하는 원인은 아마도 이들이 인구와 경제 성장률 면에서 비슷하기 때문일 것으로 보인다. 실제로 이 두 지표가 두 나라의 가장 중요한 유사점이기는 하다. 우리가 보기에는 중국과 인도는 35년 전에 지금보다 훨씬 경제적으로 비슷했다. 1970년대에는 두 나라의 1인당 소득이 서로 견줄 만한 수준이었다. 그 후 중국의 1인당 소득은 약 아홉배가 늘었는데 비하여 인도의 1인당 소득은 여섯 배밖에 증가하지 않았다. 2010년에 중국의 1인당 국민소득은 4,382달러였는데, 인도는 1,632달러에 지나지 않았다. 즉 중국이 인도보다 개인소득 면에서 2.5배 이상 더 많은 것이다.

그러면 "인도가 격차를 줄이고 있지 않느냐?"라고 말할 사람이 있을지도 모른다. 그러나 사실은 그렇지 않다. 적어도 지금까지는 인도는 중국과의 차이를 줄이지 못하고 있다. 2000년부터 2010년까지의 기간 동안에 두 나라 사이의 경제력 격차는 비율로 보나 절대액으로 보나 더 벌어졌다. 이 기간 동안 매년 중국의 실질 경제성장률은 인도의 실질 경제성장률보다 더 높았다. 그리고 앞의 〈그림 1-6〉에서 보았다시피 이러한 경향은 앞으로도 계속될 것으로 보인다. 중국의 성장률이 급속히 떨어지고 인도의 성장률은 급격히 올라가는 비현실적인 일이 일어나지 않는 한 불가능하다.

1인당 소득의 절대치뿐만 아니라 소득의 분배도 인도에서는 특히 큰 문제다. 옥스퍼드 빈곤 및 인재개발 연구소 Oxford Poverty and

Human Development Initiative, OPHI가 UN과 협조하여 2010년에 새로 개발한 빈곤 지수에 따르면, 인도의 28개 주(州) 가운데 8개 주에는 아프리카 26개국 전체의 빈민들을 다 합친 수보다 더 많은 빈민이 있다고 한다.[6] 또한 영양 부족에 시달리는 사람들의 수도 인도에서는 여전히 늘고 있다. 그러나 반면에 인도인은 현대적 사회 기반 시설에는 비교적 쉽게 다가갈 수 있다. 그래서 다음과 같은 재미있는 말이 있다.

"인도에는 휴대전화에 접근할 수 있는 사람들이 화장실에 접근할 수 있는 사람들보다 더 많다."[7]

그렇지만 인도는 앞으로 소프트웨어와 IT의 중심지가 되지 않을까? 우리는 이 측면도, 적어도 아직까지는, 좀더 현실적으로 판단할 필요가 있다고 생각한다. 인도의 노동인구는 약 5억2,400만 명인데, 그중에서 IT 분야에 종사하는 사람들은 약 220만 명, 즉 0.4퍼센트에 지나지 않는다.

해외 무역 분야에서도 두 나라의 차이는 매우 크다. 중국은 2010년에 1조5,780억 달러어치의 상품을 수출했고, 수출에 관한 한 단연 세계 제일이었다. 같은 해에 인도의 수출액은 불과 2,200억 달러였으며, 이것은 중국 수출액의 1/7도 안 된다. 이러한 격차는 두 나라의 1인당 수출액에서도 뚜렷이 보인다(〈그림 1-4〉과

〈그림 1-5〉 참조). 또 중국은 1,820억 달러의 무역 흑자를 내고 있고, 인도는 무역 적자가 480억 달러에 달한다. 이러한 수치들은 중국과 인도가 세계경제에 편입된 정도가 서로 아주 다르다는 것을 보여준다. 인도의 서비스 수출을 고려하더라도 결론은 마찬가지다.

두 나라 인구의 연령 구조를 보면 이야기가 또 달라진다. 중국 인구는 약 13.5억 명이고 인도 인구는 12억 명이다. 그러나 인도 인구의 약 31퍼센트, 즉 3억7,000만 명이 15세 이하다. 반면에 중국의 15세 이하 인구는 2억6,000만 명, 즉 19퍼센트에 지나지 않는다. 중국은 빨리 늙어가고, 인도는 젊다. 인도의 인구는 계속 빨리 늘어날 것이고, 몇 십 년 안에 인도는 인구수에서 중국을 추월할 것이다. 즉 인구만을 본다면, 미래의 시장은 중국이 아니라 인도다. 그러나 두 나라의 인적자원의 차이는 여기에 그치지 않는다. 우선 중국은 소득의 격차가 인도보다 훨씬 크다. 중국의 지니 지수 Gini Index는 46.9, 인도는 36.8, 그리고 한국은 31.5이며 OECD 평균은 31.3이다.[8] 소득이 절대적으로 낮지만 소득이 골고루 분포되어 있는 경우보다 극심한 소득의 격차가 더 큰 사회 불안을 야기한다. 더구나 중국이나 인도나 모두 노인복지를 위한 준비가 미흡하다.

교육에서도 두 나라는 서로 매우 다르다. 중국의 문맹률은 17퍼센트밖에 안 되지만, 인도에서는 인구의 40퍼센트가 글자를 모른다. 반면에 고등교육 면에서는 인도가 앞서 있다. 인도의 7개 인도공과대학Indian Institute of Technology에서는 매년 20만 명의 지원자들 가운데 선발한 4,000명의 공학사를 내보내고 있다. 이들 중 상당수는 미국으로 유학을 가며 그곳에서 학자의 길을 걷는다. 현재 통계학, 재무관리, 마케팅, OROperations Research 등의 분야에서는 모든 미국 교수의 약 1/3 정도가 인도 출신으로 보인다. 즉 인도는 세계적 수준의 두뇌들을 계속 공급하고 있는 것이다. 그러나 반면에 인도는 자국의 가장 큰 희망이라고 할 수 있는 최고 수준의 인재들을 해외에 뺏기고 있다고 볼 수 있다. 해외의 인재들을 확보하고 연구·개발센터를 유치하는 데 인도의 이러한 지적 능력은 벌써 그 중요성이 매우 크다. 이미 IT, 자동차, 기계제작, 풍력 에너지 등의 여러 분야에서 그 조짐이 나타나고 있다. 그러나 외국기업들이 중국에 연구·개발센터를 세우는 사례도 역시 늘어나고 있다.

중국은 현대적인 사회기반시설의 건설에 인도보다 훨씬 앞서 있다. 오늘날 우리가 건축 면에서 미래지향적인 도시들을 볼 수 있는 곳은 중국이다. 즉 2008년 올림픽대회를 치른 베이징과 2010년에 엑스포를 치른 상하이가 바로 그런 도시다. 이 두 도시가 현대 사회기반시설의 등대가 되었다는 사실은 잘 알려져 있다. 더욱 놀라운 일은 우리가 중국의 다른 대도시를 방문할 때 경험하게 된다. 중국에는 인구가 100만 명이 넘는 대도시가 50개 이상 있는데, 그 중 어느 곳을 가더라도 최소한 시내는 우리가 현대의 거대도시 megacity에서 기대하는 것만큼 잘 정비되어 있다. 또한 중국에는 광범위한 고속도로망과 고속철도망이 있다. 상하이와 푸동공항을 왕래하는 자기부상열차 상하이 마글레프 열차 Shanghai Maglev Train, SMT는 최대 시속이 432㎞/s나 된다.

반면에 인도의 뭄바이, 첸나이, 벵갈루루 등에 있는 인구밀집지역은 그야말로 교통지옥이다. 이 지역들에는 현대적인 고속도로와 철도노선이 부족하기 때문에 거의 참을 수 없을 정도로 교통이 불편하다. 인도는 아마도 국가가 필요로 하는 거대한 건설 프로젝트를 추진하기에는 이미 너무 분권화되고 민주화되었는지도 모른다. 또한 인도에서는 대형 공공 프로젝트뿐만 아니라 민간기업의 대규모 투자도 이러한 분위기의 영향을 받는다. 그래서 2008년 가을 인도의 대표적인 재벌 타타 Tata는 현지인들의 항의 때문에 저가 자동차 나노 Nano의 생산 개시를 포기한 바 있다. 타타는 할 수 없이 완공을 앞둔 공장을 철거하고 다른 도시에 공장을 세울 수밖에 없었다. 이로 말미암아 나노의 시판이 늦어진 것은 말할 나위도 없다. 세계은행이 매년 발표하는 '기업 활동하기 쉬운 순위 Easy of Doing Business Ranking'에서 2010년에 인도는 183개국 중 133위, 그리고 중국은 89위였다.

중국과 인도의 기업들을 살펴보면, 국제적으로 알려진 대기업들 가운데는 인도회사들이 중국회사들보다 더 많다. 우선 인도에는 타타나 릴라이언스Reliance 같은 대재벌이 있다. 직원 42만 4,000명을 고용하고 있는 타타의 2010년도 매출은 830억 달러가 넘으며, 이 회사는 국제적으로 매우 훌륭한 명성을 갖고 있다. 타타의 라탄 타타Ratan Tata 회장도 국제적으로 아주 잘 알려진 기업인이다. 세계 최대의 철강회사인 아르셀로르-미탈Arcelor-Mittal을 이끌고 있는 인도 출신 기업인 락슈미 미탈Lakshmi Mittal이 국제적인 인지도는 더 높을지도 모른다. 인포시스Infosys, 와이프로Wipro, 타타 컨설팅 서비스Tata Consultancy 같은 인도의 IT서비스 회사들도 세계적인 기업들이며, 이들은 모두 10만 명 이상의 직원들을 고용하고 있다.

반면에 국제적으로 높은 인지도와 명성을 획득한 중국회사들의 수는 상대적으로 적은 편이다. 가전분야의 하이얼Haier, 컴퓨터 업계의 레노보Lenovo, 통신장비를 생산하는 화웨이Hiawei와 ZTE 등이 세계적인 중국회사들이다. 통신, 우편, 은행 등의 시장에 있는 거대한 국영기업들China Mobile, China Post, Bank of China은 활동이 주로 국내에 치중되어 있으며, 해외활동의 주역은 중소기업들이다. 중국 수출의 68퍼센트는 종업원 수가 2,000명 이하인 회사들이 하고 있다

고 한다.[9]

외국자본의 유치에서도 두 나라 사이에는 큰 차이가 있다. 세계의 유명 대기업들은 대체로 두 나라에 모두 진출해 있다. 그러나 해외활동이 활발한 중소기업들은 특히 히든 챔피언들은 현재 인도보다는 중국에서 더 열심히 활동하고 있다. 많은 회사들이 중국을 제2의 주력시장으로 보고 있으며, 또 그렇게 행동하고 있다. 그 전형적인 보기는 냉동기술 분야의 세계시장 선도기업인 덴마크의 단포스Danfoss다. 2010년도에 약 42억4,000만 유로의 매출을 올린 이 회사의 요르겐 클라우젠Jørgen M. Clausen 회장은 중국이 단포스의 제2의 국내시장이 될 것이라고 계속해서 강조한다. 그는 이 비전을 실현하기 위해 전력을 다하고 있는데, 언젠가 다음과 같은 말을 했다고 한다.

"우리는 중국에서 매년 35퍼센트 성장하고 있고 이익을 많이 내고 있다. 그러나 과연 우리는 할 수 있는 만큼 하고 있는 것인가?"

클라우젠 회장은 심지어 덴마크 국왕 내외까지 중국에 오게 하여 중국인들에게 깊은 인상을 주었다고 한다. 피닉스 콘택트Phoenix Contact라는 독일 중서부 지방의 히든 챔피언의 회장 프랑크 슈튀렌베르크Frank Stürenberg 사장은 아래와 같이 말한다.

"우리에게 중국은 독일 다음으로 큰 시장이며, 미국보다도 크다."

중국의 질리Geely가 인수한 볼보Volvo의 슈테판 야코비Stefan Jacoby 회장도 중국을 제2의 국내시장으로 부르고 있다. 마찬가지로 고급자동차 회사 아우디Audi도 일찌감치 중국을 제2의 국내시장으로 선언한 바 있으며, 아우디가 속해 있는 폭스바겐Volkswagen 그룹은 2011년에 중국에서 226만 대의 자동차를 팔았다. 이것은 폭스바겐이 전 세계에서 판매한 816만 대의 약 28퍼센트에 해당한다. 즉 폭스바겐 그룹에게나 아우디에게나 중국은 2011년에 처음으로 세계 최대의 판매시장이 된 것이다. 참고로 우리나라의 현대·기아자동차가 최근에 전 세계에서 판매한 자동차 대수는 아래와 같다.

2010년	2011년	2012년
574만 대	660만 대	713만 대

포르쉐Porsche 같은 고급 틈새시장에서 활동하는 회사에게도 중국은 2012년에 미국에 이어 두 번째로 큰 시장이 되었다. 세계적인 기어 생산회사 게트락Getrag은 2011년에 중국에서 2억7,600만 유로의 매출을 올렸는데, 이것을 10억 유로로 끌어올리려고 한다. 또한 이러한 추세는 당분간 계속될 것으로 보인다. 2015년까지 중국의 연간 자동차 생산 능력은 3,700만 대에 이를 것으로 예

상되고 있다. 유럽에서 현재 1년 동안 팔리는 자동차 대수가 1,300만 대라는 것을 생각하면, 미래의 중국 자동차시장의 규모가 얼마나 클 것인지 짐작할 수 있다. 그러나 한편 페르디난드 두덴회퍼 Ferdinand Dudenhöffer 같은 자동차 전문가의 예측은 훨씬 보수적이다. 그가 예측하는 자동차 판매대수는 아래와 같다.[10]

	중국	미국
2015년	1,500만 대	1,590만 대
2025년	2,800만 대	1,700만 대

이렇게 예상치가 다르므로 기업은 중국의 자동차 시장을 비롯한 여러 시장의 미래를 전망할 때는 매우 신중을 기해야 할 것이다.

초고가 명품시장에서도 중국의 중요성은 급속히 커지고 있다. 2011년에 중국으로 가는 스위스 명품시계의 수출이 49퍼센트나 증가하는 바람에 중국은 세계에서 세 번째로 중요한 시장이 되었다. 가장 큰 시장은 홍콩인데 이것 역시 중국의 일부이며, 두 번째로 큰 시장은 미국이다.[11] 그러나 맥킨지 Mckinsey 의 예측에 따르면 중국의 명품시장은 2015년까지 해마다 18퍼센트씩 성장할 것이라고 한다.[12] GE의 해외 부문을 총괄하고 있는 페르디난도 베칼리-

팔코Ferdinando Beccalli-Falco는 심지어 다음과 같은 말을 한 바 있다.

"우리는 중국인보다 더 '중국적'이 되어야 한다."[13]

많은 분야에서 중국은 이미 미국을 제치고 세계 최대의 시장으로 우뚝 서 있거나 조만간에 그렇게 될 것이다.[14]

2007	철강 소비, 휴대전화, 수출
2010	에너지 소비, 자동차, 특허
2014	소매 매출, 수입

또한 중국에는 훌륭한 기반시설을 갖춘 수백 개의 산업공단이 있다. 그래서 우리는 중국이 '세계의 공장'이 될 것이라는 말을 흔히 듣는다. 특이한 것은 중국의 공장들이 필요로 하는 기계 등의 산업재를 생산·판매하는 독일의 히든 챔피언들이 중국의 주요 공단에 많이 진출해 있다는 사실이다. 앞으로도 중국이 공장을 짓고 가동하는 데 필요한 각종 시설재·부품 등을 생산하는 세계의 회사들에게는 중국이 확실한 미래의 시장일 것임에 틀림없다.

인도도 우수한 외국회사들을 많이 끌어들일 수 있었다. 그러나 그들의 인도사업 규모는 그들이 중국에서 벌이고 있는 것보다 대체로 작다. 그러나 클라스Claas처럼 인도에 각별히 정성을 쏟는 회사도 있다. 독일 베스트팔렌Westfalen 지역의 하르제빙켈Harsewinkel이라는 마을에 본사가 있는 이 회사는 오래 전부터 아시아 전 지역을 겨냥하여 인도에서 쌀 복식 수확기[15]를 생산하고 있다. 클라스는 2007년에 인도 북부에 두 번째 복식 수확기 공장을 세웠으며, 두 개의 글로벌 조달본부 중 하나를 인도에 두고 있다(또 하나는 헝가리에 있다). 클라스의 인도 법인은 아시아에서 구입하는 모든 물자 조달을 총괄하는 셈이다.

중국은 서비스회사들에게도 기회의 나라다. 세계적인 서비스회사인 두쓰만 그룹Dussmann Gruppe은 중국에서 약 2,700명을 고용하고 있다. 독일의 박람회 전문회사인 도이체 메쎄Deutsche Messe는 이미 1999년에 중국에 하노버 박람회 상하이Hannover Fairs Shanghai라는 자회사를 설립한 바 있다. 세계적인 공구제품 도매상인 뷔르트Würth는 중국에 31개의 회사를 갖고 있으며, 기중기회사 데막 기중기Demag Cranes는 중국에서 24개의 서비스센터를 운영하고 있다.

그러나 서비스 분야에 관한 한 인도가 중국보다 한 발 앞서 있을 뿐만 아니라, 중국이 가까운 장래에 인도를 따라잡을 가능성도 별로 없다. 여러 분야에서 인도는 서비스 제공의 중심국가로 자리잡고 있다. 예를 들어, 많은 다국적기업들은 행정 기능을 떼어내서 인도로 옮겨 놓았다(특히 벵갈루루, 뭄바이, 첸나이 같은 도시로). 대부분의 인도인이 영어를 잘하고 또 기술에 대한 친근감이 널리 퍼져 있다는 사실이 인도 서비스 산업의 눈부신 발전에 이바지한 것은 말할 것도 없다.

　미래의 세계시장에서 경쟁을 하려는 회사가 중·장기적으로 나아가야 할 방향은 명확하다. 그런 회사는 중국에서도 인도에서도 강한 시장기반을 구축해야 한다. 이 두 나라는 앞으로 몇 십 년 안에 세계에서 가장 큰 국민경제로 성장할 것이다. 경제성장에 관한 한 현재는 중국이 인도보다 약 10년 앞서 있다. 그러나 인도는 중국을 추격할 것이다. 지금까지 살펴본 대로 두 나라는 여러 가지 면에서 서로 크게 다르지만, 앞으로는 많은 분야에서 발전의 양상이 비슷할 것이다. 두 시장 모두 앞으로도 많은 투자와 노력을 필요로 하므로, 기업으로서는 우선순위를 제대로 정하는 것이 중요하다.

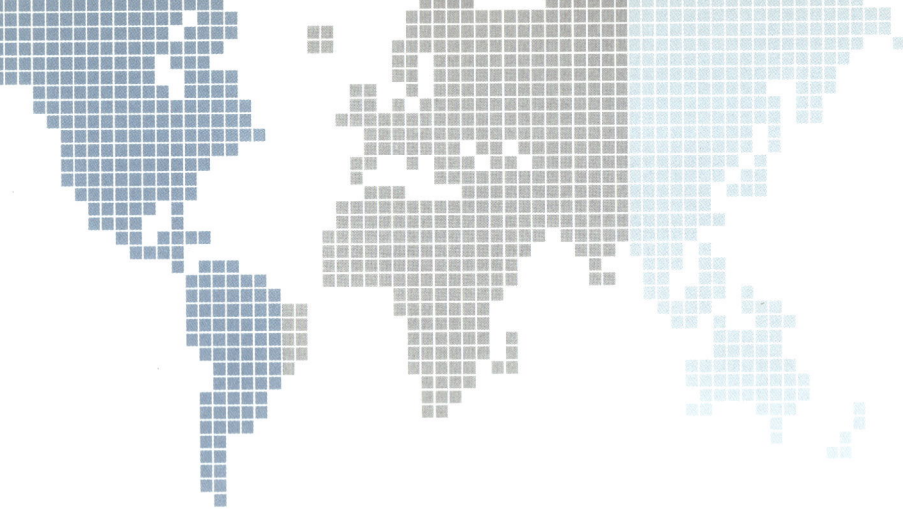

거대도시의 급증에 따른 기회와 도전

아시아에 국한된 것은 아니지만 특히 이 지역에서 뚜렷이 나타나고 있는 새로운 현상이 바로 거대도시화다. 우리는 흔히 인구가 100만 명이 넘는 큰 도시를 거대도시라고 정의한다. 오늘날 선진국에는 인구가 50만 명이 넘는 도시가 240개 있고 개발도상국에는 벌써 717개가 있으며 2030년까지는 그런 도시가 240개 더 생겨날 것이다[16](인구 100만 명 이상의 도시의 수에 대해서는 제시되는 숫자가 자료마다 약간씩 서로 다르다. 어떤 곳에서는 그런 도시가 모두 305개 있고, 그 가운데 36개가 중국, 30개가 인도에 있다고 한다. 또 어떤 자료에서는 중국에 50개 이상의 거대도시가 있고 인도에는 42개가 있으며, 2030년이 되면 인도에 68개의 거대도시가

존재할 것이라고 한다).

우리는 세계 역사상 가장 커다란 '도시화'의 물결이 현재 일어나고 있다고 말할 수 있다. 이 거대한 물결은 예기치 못한 성장의 기회를 제공해줄 것이다. 반면에 현대사회로서는 그것이 엄청난 도전이기도 할 것이다. 벌써 오늘날 전 세계에서 판매되는 승용차의 37퍼센트가 개발도상국들의 도시로 흘러들어가고 있다. 2030년까지 개발도상국들에 있는 거대도시들은 30~40조 달러의 투자를 필요로 한다. 2005년에 어떤 회사는 중국 중산층의 80퍼센트에 다가가기 위해 60개 도시에서 유통망을 갖고 있어야만 했다. 그런데 2020년까지 추가적으로 212개의 도시에서 유통망이 더 깔려 있어야 한다.

또 거대도시 자체가 사회기반시설, 교통시설, 상·하수도 시설 등의 공사를 발주하는 중요한 고객이 되기도 한다. 독일의 지멘스 Siemens는 일찌감치 이러한 추세에 주목하여 전 세계에 있는 고객으로서의 거대도시를 전담하는 특별부서를 만든 바 있다. 세계의 거대도시들이나 곧 거대도시의 범주에 들어가게 될 도시들은 대체로 비슷한 문제점들을 안고 있다. 이들은 앞으로 큰 고객이 될 것이므로 지멘스는 이들을 철저하게 공략할 완전히 새로운 조직단위를 만든 것이다.

그러나 한편 거대도시들은 가진 자와 못가진 자가 직접적으로 맞부딪히는 공간이며, 그래서 사회적 충돌의 진원지가 될 수 있는 공간이기도 하다. 오늘날 인도의 도시 인구의 26.3퍼센트가 빈민굴에 살고 있다. 빈민굴이라 함은 지붕, 수돗물, 화장실이 없는 숙소를 말한다. 현재 인도의 도시 인구는 대략 약 3억5,000만 명 정도인데 2030년에는 5억9,000만 명이 될 것으로 예상되고 있다. 인도뿐만 아니라 다른 나라에서도 대체로 빈민굴은 빈곤을 퇴치할 수 있는 속도보다 더 빨리 늘어나고 있다.

유라프리카와
치메리카의 대두

최근 들어 해외에서는 중국China과 미국 America을 합친 '치메리카Chimerica'라는 말과 유럽Europe과 아프리카 Africa를 결합한 '유라프리카Eurafrica'라는 신조어가 자주 쓰인다.

치메리카는 미국과 중국이라는 세계의 거대한 두 경제가 점점 더 통합되고 상호 의존하는 현실을 잘 반영하는 새로운 용어다. 실제로 이 두 대국의 경제적 운명은 놀라울 정도로 서로 상대방에 달려 있다. 우선 중국은 그들이 생산하는 제품을 사주는 고객으로서의 미국이 필요하다. 이렇게 해서 생겨난 무역흑자를 중국은 미국의 적자를 메우는 데 쏟아붓는다. 이러한 재정적 지원이 없으면 미국은 살아남을 수 없다. 반면에 중국은 미국의 달러에 의존한다.

중국이 투자한 돈은 무려 약 1조3,000억 달러다. 즉 중국 GDP의 약 25퍼센트다. 이러한 두 나라의 기묘한 공생을 보며 어떤 전문가들은 한술 더 떠서 경제통합의 가능성을 얘기하기도 한다. 말하자면 장기적으로 '치메리카'라는 이름의 경제통합체가 탄생할지도 모른다는 것이다. 그런데 재미있는 것은 유럽의 일부 지식인들이 치메리카의 엄청난 힘을 의식해서인지 '유라프리카'라는 말을 쓰기 시작했다는 사실이다. 이들은 유럽과 아프리카가 더 긴밀하게 협조해야 한다고 주창하고 있다. 우리는 그들의 이러한 주장이 매우 일리가 있다고 생각한다.

먼저 양쪽의 인구를 비교해 보자. 2010년에 치메리카의 인구는 약 16억7,100만 명이었고, 유라프리카 인구는 17억6,500만 명 정도였다. 그러나 2050년이 되면 상황이 많이 달라진다. 유라프리카의 인구는 26억8,900만 명에 이를 것으로 예상되고, 치메리카의 인구는 약 18억2,000만 명이 될 것이다(〈그림 1-10〉 참조). 즉 유라프리카가 치메리카보다 8억6,900만 명 정도 더 많은 인구를 갖게 될 것이다. 백분율로 환산하면 약 47.7퍼센트에 해당한다.

이 예측이 잘 믿기지 않으면 나이지리아의 경우를 보자. 1950년에 이 나라의 인구는 3,670만 명이었다. 그것이 1970년에는 5,650만 명, 2010년에는 1억5,850만 명으로 늘어났으며, 2050년에는 2억

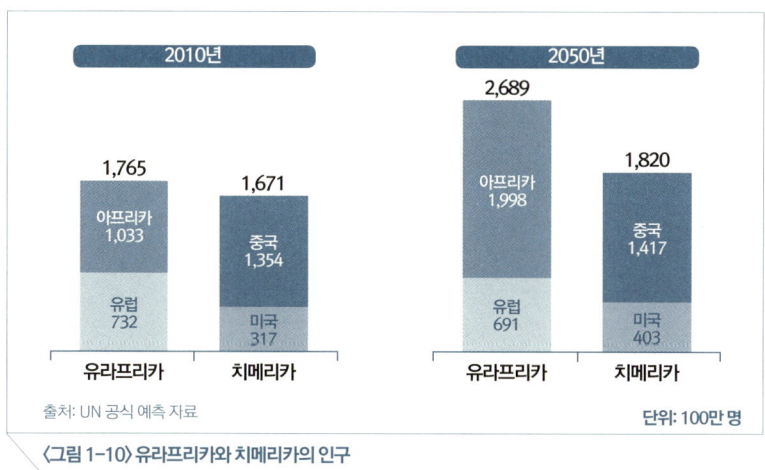

〈그림 1-10〉 유라프리카와 치메리카의 인구

8,910만 명이 될 것으로 예상된다. 그야말로 인구 폭발이다.

이번에는 양쪽의 GDP 자료를 보자. 치메리카의 2010년 GDP는 19조1,640억 달러로 세계 GDP의 33퍼센트였다(미국 14조2,560억 달러, 중국 4조9,080억 달러). 유라프리카의 경제력도 이와 비슷하다(유럽 17조8,840억 달러, 아프리카 1조5,000억 달러).

양쪽의 면적을 보면 정말로 굉장하다. 면적이 중요한 것은 그것의 크기가 대체로 지하자원의 매장량에 비례하기 때문이다. 치메리카의 넓이는 1,940만km^2다. 아프리카의 면적은 한반도의 무려 138배인 약 3,030만km^2이며, 이것은 중국, 유럽, 브라질, 인도의 영토를 다 합친 것보다도 더 넓다. 아프리카는 참으로 주목해야 하는 자원의 보고다. 아프리카에 유럽을 합치면 전체 면적이 4,000만km^2

에 육박한다.

또한 우리는 일부 아프리카 국가들의 급속한 경제성장을 언급하지 않을 수 없다. 그러한 몇몇 나라들의 2010년 경제성장률은 다음과 같다.

콩고	짐바브웨	보츠와나	나이지리아	에티오피아
9.1%	9.0%	8.6%	8.9%	8.0%

즉 아프리카 일부 국가들의 경제성장률은 현재 세계 최고 수준이다.

그러면 이 모든 것들이 우리 기업들에게 주는 시사점은 무엇인가? 먼저 유럽의 조그만 나라 그리스의 경제 위기가 우리 경제에 얼마나 큰 영향을 미치는지 우리가 그것을 싫도록 경험한 사실을 상기하고 싶다. 그러니 그리스보다 훨씬 더 큰 나라인 스페인이나 이탈리아나 프랑스에 경제 위기가 닥치면 그 파장이 얼마나 클지 짐작하기는 그리 어렵지 않다. 그런데 이렇게 현재도 우리 경제에 크나큰 영향을 미치는 유럽의 장래는 상당 부분 아프리카의 정치적·경제적 안정에 달려 있다.

유럽의 지식인들은 유럽의 인구는 감소하는 반면(2010년 7억

3,200만 명에서 2050년 6억9,100만 명으로) 아프리카의 인구는 폭발하는 상황에서 수십억 명의 아프리카인들이 안정된 생활기반을 갖지 못하면 유라프리카 전체가 세계의 빈민굴이 될 것으로 보고 있다. 2011년 이른바 '아랍의 봄' 이후 유럽 남부에 몰려드는 난민의 물결은 이러한 유럽과 아프리카의 운명적인 상호 의존성을 우리에게 강하게 상기시킨다. 이미 스페인과 이탈리아는 미국 다음으로 이민을 가장 많이 받아들이는 국가가 되었다(〈그림 1-9〉 참조). 지중해를 건너오는 아프리카인의 물결은 그치지 않을 것이며, 그 수는 아프리카가 경제적으로 더 뒤쳐질수록 더욱 늘어날 것이다.

그래서 유럽은 아프리카의 정치적·경제적 안정을 꾀할 절대적인 인센티브가 있다. 그러나 글로벌 시대에는 유럽의 문제가 곧 세계의 문제이며 따라서 우리의 문제이기도 하다. 이러한 아프리카의 미래의 역할을 어느 나라보다 더 잘 이해하는 나라는 중국인 듯하다. 중국 기업들은 특히 자원 확보를 위해 아프리카의 여러 지역에 매우 적극적으로 투자하고 있다. 그러나 아프리카인의 복지와 생산성 향상에는 관심이 없고 오로지 자원개발에만 열을 올리는 중국인을 바라보는 현지인의 시각은 그다지 곱지 않다. 또한 유럽 내에서는 프랑스와 이탈리아가 아프리카와의 유대관계가 가장 강하다. 그러나 그들은 기본적으로 과거의 식민지 종주국들이다.

과거에 자신들을 착취하고 압박했던 나라에서 온 기업들을 바라보는 아프리카 주민들의 심경은 복잡할 것임에 틀림없다. 이런 상황에서 한국기업들은 상대적으로 유리하다. 더구나 최근의 국가 이미지 향상과 한류 열풍은 아프리카에 진출했거나 진출하려는 우리 기업들에게 적지 않은 도움을 줄 것이다.

폭발적인 인구 증가, 일부 국가들의 급속한 경제 성장, 엄청난 부존자원으로 특정지워지는 아프리카는 그 자체만으로도 이미 가장 과소평가된 지역이다. 그뿐만 아니라 아프리카의 정치적·경제적 발전은 미국, 중국과 더불어 세계 3대 경제 축의 하나를 형성할 유럽의 안정을 위한 필수불가결의 조건이다. 따라서 우리 기업들은 이러한 큰 그림을 읽고 다른 나라들에 앞서서 선제적으로 아프리카에 투자해야 한다. 또한 투자 전략도 자원 개발뿐만 아니라 현지인들을 교육하고 따라서 그들의 생산성을 올리는 것이어야 한다.

이와 관련하여 재미있는 사례를 하나 소개한다. 케냐는 1인당 국민소득이 약 900달러밖에 안 되지만, 이미 거의 전 국민이 휴대폰을 갖고 있다. 또한 놀랍게도 케냐 GDP 중 무려 14퍼센트가 휴대폰으로 결제된다고 한다. 이러한 사례는 잠재적인 소비시장으로서의 아프리카의 가치를 일깨워줄 뿐만 아니라, 아프리카가 혁신

제품의 테스트 지역이 될 수 있다는 사실도 시사한다.

이러한 여러 가지 가능성을 지닌 동시에 서구 문명의 뇌관이 될 수도 있는 아프리카에 우리 기업들이 지혜롭게 선제적으로 투자하여 유라프리카의 발전에 적극 동참하기를 과감히 권장한다.

반세계화의 위험

∎

지난 30년 동안 세계화는 기술의 진보보다 인류의 복지 향상에 더 크게 이바지했다고 우리는 생각한다. 세계화는 그야말로 복지 증대의 일등공신이다. 그러나 이러한 가설을 증명하기는 그다지 쉽지 않다. 세계화globalization라는 개념은 1944년에 처음 만들어졌지만, 이것이 대중에게 널리 알려진 것은 1983년에 하버드대학교 경영대학원의 시어도어 레빗Theodor Levitt 교수가 〈하버드 비즈니스 리뷰〉에 '시장의 세계화The Globalization of Markets'라는 논문을 출간한 뒤부터다.

제1차 세계대전 이전에 이미 세계경제의 상호의존은 어느 정도 진행되었다. 당시 지멘스는 이미 매출의 절반 이상을 해외에서 올리고 있었고, 보쉬는 해외 매출 비중이 90퍼센트였다. 그럼에도 불구하고 당시의 국제교역량은 1980년 이후의 국제 상품교역의 발전상과 비교하면 보잘것없었다(〈그림 1-2〉 참조). 앞의 〈그림 1-1〉에서 보았듯이 세계화의 모든 지표들은 국제 노동분업이 힘차게 진행되고 있음을 보여주고 있으며, 세계의 거의 모든 나라와 지역이 이러한 세계화 현상의 혜택을 입고 있다. 그러나 특히 우리나라 같은 수출국가는 세계화의 덕을 톡톡히 보고 있다고 말할 수 있다.

국제교역이 더 늘어나고 세계화가 더 진행되려면 말할 것도 없이 교역의 흐름이 최대한 자유로워야 한다. 유럽연합EU, 북대서양자유무역지역NAFTA, 동남아시아국가연합ASEAN, 또는 남미공동시장MERCOSUR 같은 거대한 '자유무역지대'들이 이 점에서는 가장 앞서 있다. 물론 각 자유무역지대의 발전단계는 아직 서로 격차가 매우 크다.

그러나 세계 전체의 관점에서 보면 세계무역기구WTO의 주된 관심사인 자유무역은 진척 속도가 상당히 느리다. 새로운 다자간무역협상인 도하개발아젠다DDA; Doha Development Agenda는 2001년에 시작되었고 2005년까지 마무리될 예정이었지만, 아직도 끝이 보이지 않는다. 기껏해야 한미 FTA 같은 두 나라 사이의 자유무역협정FTA; Free Trade Agreement의 체결이 진전을 보이고 있을 뿐이다. 1990년대 말에는 FTA의 수가 50개 미만이었는데 이제는 300개가 넘는다. 그러나 FTA는 WTO의 기본정신에 어긋난다. 왜냐하면 조약당사국들은 서로 상대방에게 혜택을 제공하는데, 그렇게 함으로써 자동적으로 다른 나라들을 차별하게 되기 때문이다. 따라서 남아프리카처럼 FTA를 많이 갖고 있는 나라는 생산기지로서의 매력도가 올라간다. 왜냐하면 그런 나라는 상대방 국가에게 관세를 물지 않고 수출할 수 있기 때문이다.

세계화는 대체로 긍정적인 방향으로 진행되기는 하지만, 특히 경제 위기 이후에는 위험에 봉착했다. 세계화의 물결에 저항하는 대표적인 집단은 아탁Attac 같은 이른바 비정부조직NGO이다. 이들은 정상회담이 열릴 때마다 (때로는 격렬한) 항의 소동을 벌인다. 세계화의 과정을 되돌리려고 하는 반反세계화의 움직임은 경제 위기가 낳은 커다란 위협이다. 미국 하버드 대학교의 경제사학자 니알 페르구손Niall Ferguson은 악몽 같은 시나리오의 가능성을 제기하면서 다음과 같이 말한다.

"그것은 역사의 완벽한 반복과 세계화의 붕괴를 의미할 것이다."[17]

세계경제는 이런 사태를 이미 경험한 적이 있다. 1930년대에 미국에서 시작된 보호주의가 오랫동안 지속된 깊은 불황의 주된 원인이었던 것이다. 1930년 6월 17일 미국 의회는 스무트-할리 관세법 Smoot-Hawley Tariff Act 을 통과시켰다. 이로 말미암아 2만 개 이상의 상품에 60퍼센트까지의 높은 관세가 부과되었다. 1,028명의 경제학자들이 이 법안에 반대하는 탄원서에 서명했지만 허사였다. 이에 격분한 외국정부들은 미국 상품들에 대해 비슷하게 높은 관세를 매기는 보복조치를 취했다. 그러자 몇 달 사이에 세계의 교역량이 절반 이상 줄어들었다. 국제 노동분업이 가져다주는 엄청난 이점이 한순간에 날아간 것이다.

보호주의가 위험한 이유는 우선 그것이 대중에게 매력적으로 보일 수 있기 때문이다. 정치가들은 언제나 보호주의적인 정책으로 유권자들의 환심을 사고 싶은 유혹을 느낀다. 경제 위기가 한창이던 지난 2009년 미국 하원은 경기부양책을 가결한 바 있는데, 여기에 포함되어 있는 사회기반시설 투자를 위해서는 국내산 철강만 쓰도록 했다. 이것은 그러한 포퓰리즘의 위험을 잘 보여주는 사례라 하겠다. 다행히 오바마 대통령은 그 후 공식적으로 이 방침 Buy American 을 철회했다. 러시아, 중국, 다른 많은 나라들은 드러내놓지는 않지만 보호주의적인 정책을 많이 쓰고 있다. 스페인의 산업부장관 미구엘 세바스티안 Miguel Sebastian 의 다음 말은 그가 보호주의에 기울고 있다는 것을 보여준다.

"우리 국민이 나라를 위해서 할 수 있는 일이 있습니다. 그것은 스페인과 스페인제 제품을 믿고 그것들을 애호하는 것입니다."

프랑스의 니콜라 사르코지 Nicolas Sarkozy 는 대통령 시절 프랑스 자동차회사들에게 일자리를 해외로 가져가지 말 것을 대출의 조건으로 제시한 바 있다. 유럽에서는 EU가 이러한 국가 이기주의에 대해 어느 정도 방파제 역할을 해주고 있다. 또 다행히도 사려 깊은 목소리도 들리고 있다. 예를 들어 독일 수상 앙겔라 메르켈 Angela Merkel 은 아래와 같이 말한 바 있다.

"우리는 개방적인 세계경제를 필요로 합니다. 보호주의야말로 일시적인 불경기에서 불황으로 가는 아주 확실한 길이다."

심지어는 러시아 수상 블라디미르 푸틴 Vladimir Putin 조차 보호주의에 반대하는 태도를 보인다.

"우리는 고립주의와 무제한적인 경제 이기주의에 다시 빠지면 안 된다."

그러나 정치지도자들이 이런 말을 한다고 해서 비밀리에 탄탄한 무역장벽이 세워지지 않는다는 뜻은 결코 아니다. 또한 각 나라의 많은 산업로비스트들도 호시탐탐 기회를 노리고 있다. 따라서 WTO가 보호주의적 경향을 경계하는 것도 무리가 아니다.

"런던에서 열린 G-20 정상회의에서 참석국가들은 새로운 무역장벽을 더 쌓지 않기로 약속했다. 그러나 WTO는 경종을 울리는 보고서를 내놓고 있다. 그것에 따르면 새로운 관세, 관료주의, 금지 등으로 세계무역은 10퍼센트 정도 성장이 억제되었다."[18]

독일의 앙겔라 메르켈 수상은 2010년 11월에 열린 서울 G20 정상회의에 앞서 다음과 같이 말한 바 있다.

"우리를 위협하는 가장 큰 위험은 보호주의다."[19]

이렇게 더 강해지는 듯이 보이는 보호주의는 기업에 어떤 영향을 주는가? 한국 경제는 수출의존도가 높고, 해외에 유통망이나 생산시설을 둔 회사가 적지 않다. 즉 이들은 국제분업체제에 깊이 편입되어 있다. 만약 경제 위기의 여파로 관세장벽 또는 비관세장벽이 높아지면, 이러한 분업체제에 막대한 타격을 준다. 반면에 해외에 있는 우리 기업의 현지 법인은 이미 그 나라의 국내회사다. 보호주의가 강화되면 기업은 진출한 나라 안에서 더 많은 부가가치를 창출하고 나라와 나라 사이의 교역을 줄여야 할 것이다. 또한 기업은 입지정책을 깊이 생각해야 할 것이다. 대체로 중요한 나라에는 생산시설을 갖추는 것이 좋다. 그러나 보호주의 경향이 강해진다고 하더라도, 기업은 '세계화'라는 기본전략의 당위성을 의심해서는 안 될 것이다.

반反세계화는 세계경제에 재앙을 가져오고 수십억 인류의 복지를 격감시킬 것이다. 인류에게 세계화 외의 대안은 없다. 세계화는 우리 모두의 미래다.

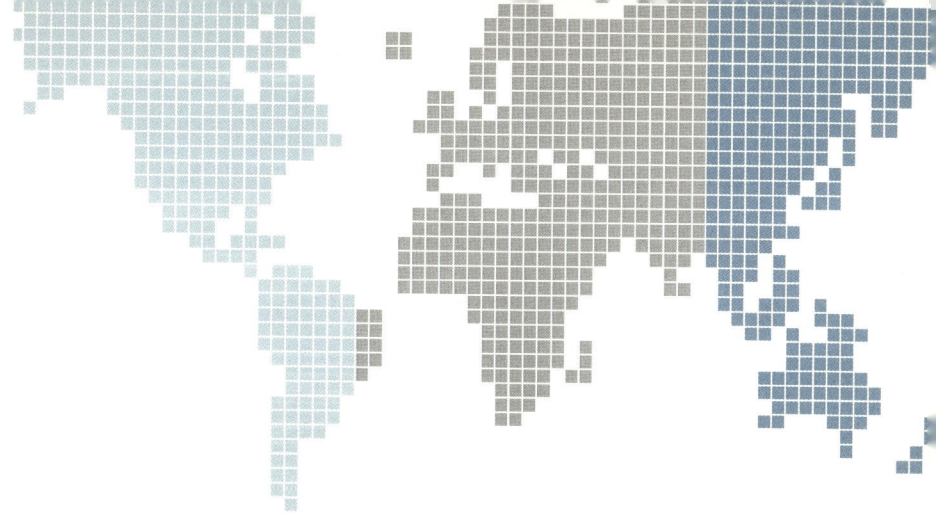

경제민주화를 위한
히든 챔피언 육성

지난 18대 대통령 선거 때의 핵심 쟁점의 하나는 경제민주화였다. 이것은 여러 측면을 가진 복합적인 개념이다. 그 중 매우 중요한 측면의 하나는 소수의 대기업 또는 대재벌에 의한 지나친 경제력 집중에 대한 국민의 우려다. 우리 국민은 삼성전자나 현대자동차 같은 회사들이 세계적인 대기업으로 성장하는 것은 대견하게 여기면서도, 한국이 '삼성공화국'이나 '현대공화국'이 되는 일은 결코 원하지 않는다.

경제민주화와 관련하여 염두에 두어야 할 한국경제의 또 하나의 중요한 특징은 높은 대외의존도다. 따라서 우리 경제의 가장 강력한 성장 동력은 내수가 아니라 수출이며, 수출도 몇몇 대기업들이 주도하고 있는 것이 엄연한 현실이다.

이렇게 놓고 보면 경제민주화에 관한 한 가장 설득력 있는 시사점을 줄 수 있는 경제모델은 독일의 경제모델이 아닐까 한다. 그 까닭은 다음과 같다.

첫째, 앞의 〈그림 1-3〉, 〈그림 1-4〉, 〈그림 1-5〉에서 보았다시피 독일은 세계 최고의 수출 경쟁력을 갖고 있다.

둘째, 이러한 독일의 막강한 수출경쟁력을 설명해주는 가장 중요한 변수는 대기업이 아니라 히든 챔피언으로 불리는 우수한 중소기업들이다. 주요 수출대국들이 갖고 있는 '포춘 500' 즉 세계 500대 기업들의 수는 아래와 같다.

미국	일본	중국	프랑스	독일
133	68	61	35	34
영국	한국	이탈리아	스페인	인도
30	14	10	9	8

이 숫자들을 독립변수로 하고 각국의 수출액을 종속변수로 하여 회귀분석을 하면 R^2가 0.48밖에 되지 않는다. 즉 대기업 숫자는 각국의 수출 성과를 50퍼센트도 설명하지 못한다. 반면에 독일

에서는 수출의 약 70퍼센트를 중소기업이 하고 있다. 또한 2009년 9월 5일자 영국 잡지 〈이코노미스트Economist〉에 따르면, 중국 수출의 68퍼센트는 직원 수가 2,000명 이하인 회사에서 하고 있다고 한다. 중소기업 중에서도 세계시장을 석권하는 초일류기업을 우리는 흔히 '히든 챔피언Hidden Champion'이라고 부르는데, 독일에는 다른 어느 나라보다도 월등히 많은 히든 챔피언이 있다(〈그림 1-11〉 참조).

이뿐만 아니라 〈그림 1-12〉에서 보다시피, 인구 100만 명당 히든 챔피언의 수라는 지표에서도 독일은 세계 1위다.

결론적으로 말해, 독일은 세계 최고의 수출경쟁력을 갖고 있으며 독일의 수출은 약 1,300개의 초일류 중소기업들이 주도하고 있다. 즉 독일은 막강한 국가 경쟁력과 경제 민주화를 동시에 달성했다고 볼 수 있다.

우리나라에 앞으로 10년 내에 우리 경제를 주도해 온 삼성이나 현대 같은 대재벌이 또 나올 확률은 지극히 낮다. 그러나 경제 민주화를 이룩하는 데 결정적인 기여를 할 수 있는 히든 챔피언들 같은 기업은 한국에서 앞으로 얼마든지 더 나올 수 있고 또 나와야 한다.

히든 챔피언들은 유명하거나 규모가 큰 회사가 아닌 일반적인 사업체들이 배울 수 있는 좋은 본보기이자 따라할 수 있는 매우 적

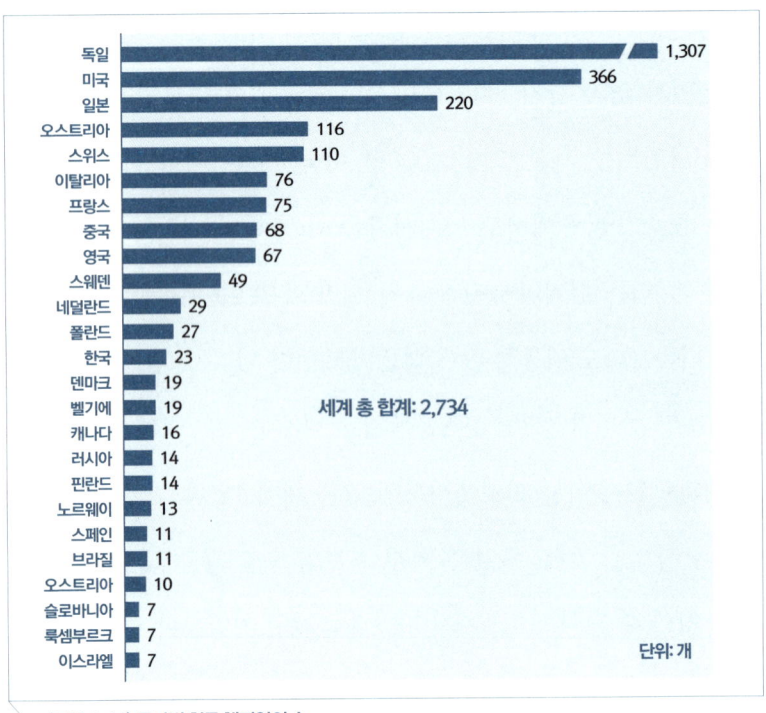

〈그림 1-11〉 국가별 히든 챔피언의 수

절한 모델이다. 왜냐하면 그들은 아주 평범한 회사지만, 목표에 맞는 적절한 전략들을 개발함으로써 시장에서 선두를 차지했기 때문이다. 따라서 이들의 전략에는 대기업이든 중소기업이든 상관없이 본받을 만한 지침들이 담겨 있다.

그러면 히든 챔피언들의 공통적인 성공 전략은 무엇인가? 그것을 요약하면 아래와 같다.

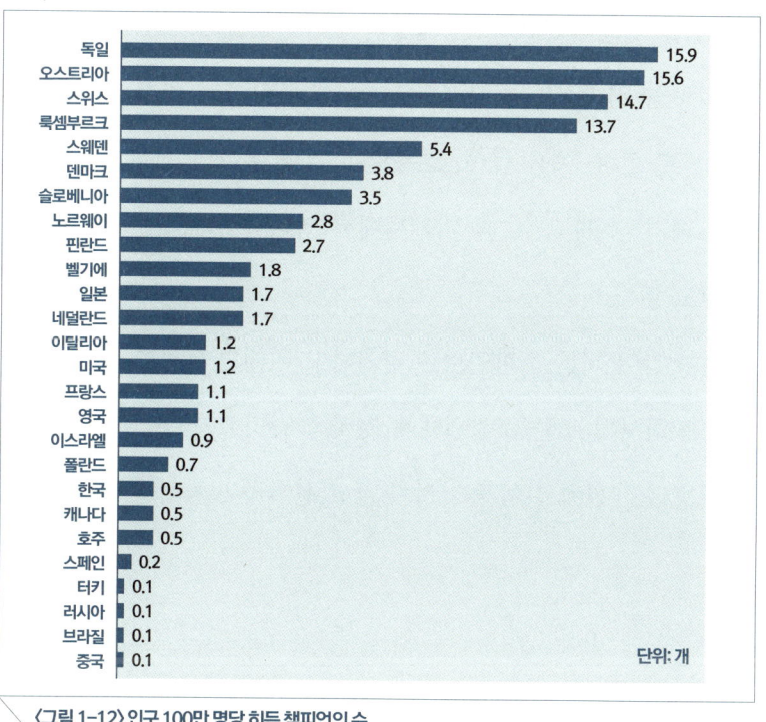

〈그림 1-12〉 인구 100만 명당 히든 챔피언의 수

야심찬 목표

히든 챔피언들은 매우 야심 찬 목표를 추구한다. 이들이 추구하는 목표 가운데 가장 대표적인 것은 시장에서의 지도적 위치market leadership이다. 그러나 어떤 회사들은 시장점유율이 아닌 품질이나 기술에서 1위가 되려고 한다. 유전자 수준에서 질병을 진단하는 기술과 제품을 개발하는 한국의 분자진단 전문기업 씨젠Seegene은 세계 최초로 동시다중 분자진단 시스템을 개발하여 이 분야 기술

력 1위를 인정받았다. 또는 시장의 행동규범을 스스로 정하는 것, 즉 일종의 심리적인 시장선도psychological market leadership를 목표로 내세우기도 한다. 예를 들어, 호흡보호 기술 분야의 세계 최고 회사인 드레거Dräger는 기술과 마케팅에서 업계를 선도하는 것을 목표로 삼고 있다.

이와 같이 히든 챔피언들은 명확하고 원대한 목표를 세운 다음, 이것을 회사의 모든 구성원에게 정확히 알리고, 목표 달성을 하기 위해 오랜 세월에 걸쳐 물러서지 않고 철저히 노력하고 있다.

전략적 초점

히든 챔피언들은 명확한 '집중 전략'을 쓴다. CCTV 화면을 디지털로 저장하는 장치인 DVR을 세계 최초로 개발한 한국의 작은 기업 아이디스IDIS의 대표는 "실리콘밸리에서 봤던 기업들처럼, 아주 작지만 우리 기술로 세계시장에서 1등 하는 제품을 만들어보자는 초심이 오늘날의 아이디스를 만들어냈다"고 말한다. 이처럼 히든 챔피언들은 "우리는 ○○ 분야의 전문가다", "우리는 작은 시장의 거인이 되려고 한다", "우리는 다른 업종을 넘보지 않는다"라고 말한다. 즉, 이들은 자기 회사의 핵심적인 강점에 집중하며 그것을 지속적으로 개선하고 있다. 그 결과, 그러한 강점은 이 회사들의 밑

음직스러운 전략적 경쟁우위가 되고 있다.

세계화

각국의 히든 챔피언들은 전문화된 제품과 기술정보(노하우)를 전 세계에 팔고 있다. 즉, 제품·노하우에서의 전문성과 지역적인 의미에서의 넓은 마케팅 활동을 결합하는 것이 그들의 전략의 두 기둥이다《그림1-13》. 이러한 전략은 당연히 철저한 국제화의 바탕 위에서만 성공할 수 있다. 그래서 이들은 해외에 평균 10개의 자회사를 두고 있는데, 중소기업 치고는 매우 많은 수다. 예를 들어, 혈액투석기 분야에서 세계적인 명성을 떨치는 독일의 프레제니우스Fresenius는 해외에 무려 50개 이상의 자회사를 거느리고 있다. 국내 절삭공구 제조업체 와이지원YG-1은 엔드밀 분야 세계 점유율 1위 업체로서 총 매출의 75퍼센트 이상이 수출에서 나오는 수출주도형 중소기업이다. 이 회사는 미국, 독일, 일본 등지에 9개의 해외 공장이 있으며 프랑스 등 전 세계 6개 국가에 해외 판매법인을 설립했다.

고객과 가깝다

히든 챔피언들은 마케팅 전문가는 아니지만 고객지향 정신은 대기

〈그림 1-13〉 히든 챔피언들의 전략의 두 기둥

업보다 더 강하다. 예를 들어, 고객과 직접 접촉하고, 고객의 욕구와 필요를 더 잘 아는 직원들의 비율이 대기업보다 훨씬 높다.

그로만-엔지니어링 Grohmann-Engineering 은 마이크로 전자기구를 조립하는 장비를 생산하는 세계적인 회사다. 이 회사는 전 세계의 상위 30개 회사들에 마케팅 활동을 집중하고 있다. 인텔, 모토롤라, 노키아 Nokia, 에릭슨 Ericson 등 내로라하는 회사들이 모두 이 회사의 고객이다.

플라스틱 병, 유리병, 음료수 캔 등 각종 용기에 음료를 주입하고 포장하는 기계설비를 생산하는 크로네스 Krones 는 세계시장의 80퍼센트를 차지하고 있는데, 이 회사의 회장은 고객의 문제를 가장 잘 아는 정비공들이 반드시 개발팀과 교류하도록 하고 있다. 이러한 회사들에서는 생산부서의 직원들이 서비스도 하는 경우가 많은데,

그래서 직접 고객과 접촉하게 된다.

높은 혁신성

히든 챔피언들은 대단히 혁신적이다. 이들에게 혁신이란 제품과 공정상의 개선을 의미하는데, 이들은 어떤 획기적인 혁신을 추구하기보다는 조금씩 꾸준히 제품과 공정을 개선하는 데 주안점을 두고 있다. 즉 '티끌 모아 태산'이 되듯이 조그마한 개선이 쌓여서 완벽함에 이르게 된다는 것이 이들의 생각이다.

가정용, 사무용 금고를 제작하는 선일금고제작(주)은 1973년 설립되어 40년간 오직 금고만 연구, 개발해온 금고 전문기업으로 매출액의 80퍼센트 이상을 전 세계 80여 국가에 대한 수출에서 달성하고 있다.

시장과 기술의 통합

또 하나 두드러진 특징은 시장과 기술에 비슷한 비중을 둔다는 것이다. 즉, 지나치게 시장에만 치우치지 않으며, 동시에 기술의 힘만 맹신하지도 않는다. 따라서 대기업에서 흔히 볼 수 있는 기술 편향 또는 시장 편향의 흠이 없다. 그래서 신제품을 개발할 때에는 마케팅 부문과 연구개발·제조 부문이 서로 비슷한 정도의 영향을 미친다고 한다. 즉, 이들은 기술 중시 회사인 동시에 시장 중시 회사인 것이다.

약품 조제관리 전자동화 시스템으로 세계시장 점유율 1위에 오른 JVM은 매출액 대비 R&D 투자비율이 6.8퍼센트에 달한다. 그뿐만 아니라 납품이나 하청 운영 방식을 택하지 않고 독자적인 브랜드를 구축했고 세계 유수기업들과 독점계약을 맺었으며 독자적인 마케팅 활동을 전개하고 있다.

뚜렷한 경쟁우위

히든 챔피언들은 경쟁사들과 치열한 경쟁을 하고 있다. 때때로 강력한 경쟁사들은 지리적으로 멀리 떨어져 있지 않으며, 심지어 같은 동네에 있는 경우도 있다. 예를 들어, 드라고코 Dragoco 와 하르만 앤라이머 Haarmann & Reimer 는 모두 세계적인 향료 회사로서, 본사가 모두 홀츠민덴에 있다. 또 외과기구 분야의 세계 굴지의 회사들은 대부분 튀틀링겐 지역에 몰려 있다.

이러한 치열한 경쟁 환경 속에서는 세계 최고 수준을 달성한 회사들만이 살아남으며, 그런 회사들은 예외 없이 뚜렷한 경쟁우위를 갖고 있다. 히든 챔피언들은 대개 제품의 품질, 서비스, 고객지향 정신 등의 면에서 경쟁사들을 압도하는데, 어느 시장에서나 이 세 가지를 다 갖춘 회사를 이기기는 무척 어렵다.

자신의 힘에 의존한다

전략적 제휴가 하나의 유행처럼 된 이 시대에 이 회사들은 자신의 힘과 능력에만 의존하려는 경향이 강하다. 그래서 생산, 연구개발 분야에서는 물론이고 해외시장에 들어갈 때도 되도록 남의 힘을 빌리지 않으려고 한다. 이러한 태도를 취하는 이유는 품질관리를 철저히 하고 회사의 기술정보를 보호하기 위함이다. 이들은 근본적으로 다른 사람들이 자신들의 문제를 풀어줄 수 있다고 생각하지 않는다.

종업원의 애사심이 강하다

히든 챔피언들의 직원들은 회사와 자신을 동일시하는 경향이 강하며, 일에 대한 열정을 갖고 있다. 이러한 높은 동기유발 상태를 강화하기 위해 이 회사들은 대체로 사람을 적게 쓴다. 그리하여 늘 사람보다 일이 많다. 또한 이들은 수습기간 동안 수습사원들을 아주 엄격하게 관찰하고, 그 결과를 바탕으로 정규직원들을 엄선한다. 이런 과정을 거쳐 뽑힌 직원들의 결근률과 이직률은 상대적으로 낮은 편이다. 회사 내부의 갈등도 대기업보다 훨씬 적다. 임직원들은 튼튼한 유대관계를 유지하고 있다.

강한 지도력

히든 챔피언들의 CEO는 강한 개성의 소유자들이며, 이들은 비전과 카리스마적 권위를 갖고 있다. 이들은 이러한 권위를 바탕으로 회사가 추구하는 근본적인 가치를 조직 내에 스며들게 한다. 그러나 이들은 그러한 가치를 실제로 실행하는 면에 있어서는 매우 너그럽다. 즉, 아랫사람들이 융통성을 많이 발휘할 수 있도록 한다. 또 CEO의 재임기간은 평균 22년이나 되므로 경영층의 연속성은 상당히 높은 편이다.

그러면 이러한 여러 성공요인 가운데 단 하나만 꼽으라고 한다면 무엇일까? 〈그림 1-14〉에서 보다시피 역시 CEO의 리더십이다. 즉 '기업가 기질과 리더십'이라는 요소가 다른 요소보다 기업의 성공에 훨씬 더 큰 영향을 미친다. 그렇다면 히든 챔피언의 CEO들은 어떤 특징이 있는가? 그들에게는 대체로 다음과 같은 다섯 가지 공통점이 있다고 한다.

- 회사와 자신의 구분이 없다.

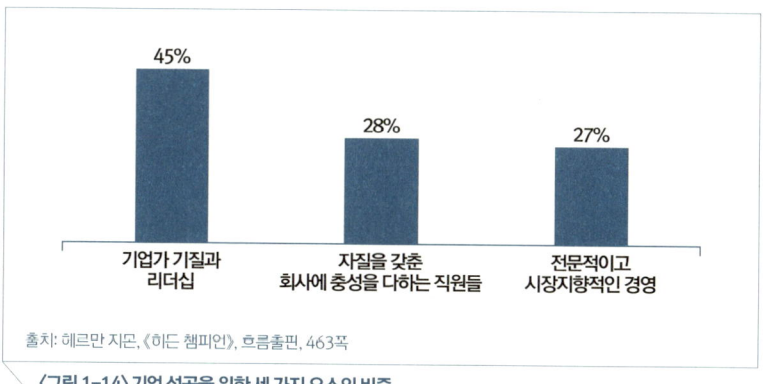

〈그림 1-14〉 기업 성공을 위한 세 가지 요소의 비중

- 집중적으로 목표를 향해 매진한다.
- 두려움이 없다.
- 활력과 끈기가 있다.
- 다른 사람들에게 영감을 준다.

지금까지 논의한 독일 히든 챔피언들의 성공 전략과 그것들을 이끄는 최고 경영자들의 리더십을 참고하여 한국형 히든 챔피언들을 많이 길러내는 것이 우리 경제의 민주화를 달성하기 위한 지름길이 아닌가 한다.

히든 챔피언은 왜 강한가?

그러면 히든 챔피언의 경영방식에 대한 이해도를 높이기 위해 전형적인 두 히든 챔피언의 사례를 구체적으로 살펴보자.

히든 챔피언의 전범 에네르콘

2008년 11월 한국에서 한창 '히든 챔피언' 붐이 일기 시작한 즈음 《히든 챔피언》의 저자 헤르만 지몬 교수가 서울을 방문했을 때의 일이다. 여러 언론사 기자들과 함께 한 자리에서 한 기자가 그에게 "당신에게 가장 인상적인 히든 챔피언은 어느 회사냐"라고 묻자, 그는 서슴지 않고 "에네르콘Enercon"이라고 대답했다. 무려 1,300여

개나 되는 독일의 초일류 중소기업들, 즉 히든 챔피언들의 내용을 훤히 꿰뚫고 있는 그가 전혀 망설이지 않고 꼽은 에네르콘은 과연 어떤 회사인가?

독일 북서부의 니더작센Niedersachsen 주에 있는 아우리히Aurich라는 소도시에 본사를 둔 에네르콘은 전기공학을 공부한 알로이스 보벤Aloys Wobben 박사가 1984년에 세운 풍력에너지 설비회사다. 역사가 30년도 채 안 되지만 오늘날 1만3,000명 이상의 종업원을 거느리고 있으며, 연 매출은 약 6조5,000억 원이다. 1995년부터 2010년까지 에네르콘의 매출 신장을 보면, 1995년에 1억 5,300만 유로였던 매출이 2010년에는 37억 유로가 되었다. 즉 15년 동안 연평균 23.7퍼센트 성장하여 외형이 24배나 커진 것이다(〈그림 1-15〉 참조).

이와 같이 에네르콘은 지속적으로 고속성장을 하고 있을 뿐만 아니라 위기의 영향을 받은 적도 없다. 또한 수익률도 무척 높다. 에네르콘의 독일 내 시장점유율은 60퍼센트로 단연 1위이며, 세계 시장에서의 순위는 3~4위다. 그뿐만 아니라 에네르콘은 2007년에 40퍼센트였던 자기자본 비율을 2011년까지 55퍼센트로 높였다. 이 회사의 2013년도 목표는 수출 비중을 매출의 60퍼센트 이상으로 끌어올리는 것이다. 즉 에네르콘은 지속적인 고성장과 높은 수

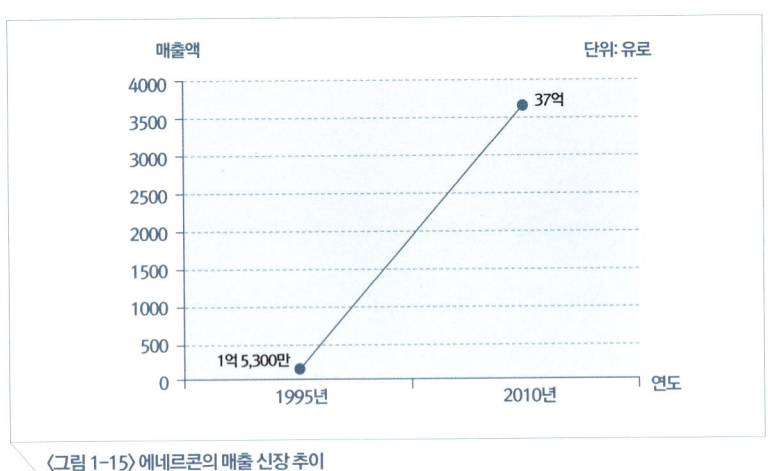

〈그림 1-15〉 에네르콘의 매출 신장 추이

익률, 그리고 튼튼한 재무구조라는 3박자를 다 갖춘 초우량 회사다. 그러면 에네르콘의 이와 같은 눈부신 발전의 비결은 무엇인가?

가장 먼저 언급해야 할 것은 끊임없는 혁신이다. 34살의 젊은 나이에 회사를 설립한 보벤 박사는 처음부터 혁신을 회사의 핵심역량으로 정하고, 연구·개발·생산에 온 힘을 기울여왔다. 그 결과 에네르콘은 오늘날 자타가 공인하는 풍력에너지 시장의 기술선도 회사이며, 전 세계의 이 분야 관련 특허 가운데 무려 40퍼센트를 보유하고 있다.

그래서 베스타스Vestas, 지멘스, GE 등 이 시장의 모든 주요 회사가 현재 에네르콘의 사용허가를 얻어 이 회사의 특허 기술을 쓰고 있다. 창립자인 보벤 박사는 회사가 그렇게 커졌음에도 불구하고

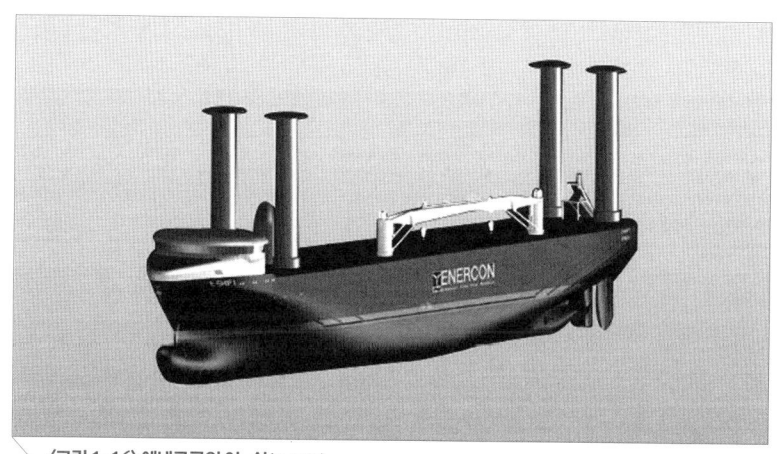

〈그림 1-16〉 에네르콘의 이-쉽(E-Ship)

지금도 직접 제품의 개발·개선 과정에 참여하고 있으며, 지속적으로 새로운 아이디어를 내고 있다. 즉 최고 경영자가 직접 혁신 과정에 참여하며, 자극을 주는 사람으로서 혁신에 지대한 공헌을 하는 것이다.

에네르콘은 다른 많은 히든 챔피언들과 마찬가지로 기술적인 해결책을 강구하는 데 있어서 매우 독자적인 길을 간다. 1992년에 에네르콘은 회전속도가 빠르고 고장도 적게 나며 마모될 위험도 줄어들게 하는 '기어 없이 작동하는 설비'를 개발했다. 때문에 에네르콘의 제품은 '풍력에너지 시설 분야의 메르세데스Mercedes'로 간주된다. 에네르콘은 심지어 자사의 풍력에너지 장치를 나를 수 있는 특수 수송 선단船團도 운영하고 있다. 이 회사는 이 분야에서도 막강한 기술력을 발휘하고 있다. 그 좋은 본보기가 바로 '이-쉽E-Ship'이다(〈그림 1-16〉 참조). 이것은 현재 상시 운항 가능 여부를 판단하기 위해 시험 운항되고 있는데, 에네르콘은 이-쉽을 우선 풍력발전설비의 부품을 전 세계로 수송하는 데 투입할 예정이다. 이 혁명적인 선박은 기존의 디젤엔진 외에 에네르콘이 자체 개발한 4개의 추진 회전 날개를 더 장착한 것이다. 이 회전날개는 높이가 27미터, 지름이 4미터이며, 이 안에 들어 있는 실린더가 돌아가게 되어 있다. 이 추진 회전날개는 같은 넓이의 돛보다 10~14번 더 밀어주기 때문에 연료소비가 30~40퍼센트 줄어든다. 환경과 오염 물질 배출에 관한 한 이-쉽은 차원이 다른 선박이며, 이것은 해운업 역사의 새로운 장을 열 것이라고 회사는 자신하고 있다.

에네르콘은 혁신의 결과로 얻은 특허를 관리하고 보호하는 데도 각별히 신경을 쓴다. 몇 년 전에 GE가 에네르콘에 시비를 걸어 특허 하나를 관철한 바 있다. 그러자 에네르콘은 18개의 특허로 반격을 가했으며, GE의 유럽 사업에 크나큰 타격을 주었다. 그 후 이제 어느 회사도 에네르콘과 특허 전쟁을 벌일 엄두를 못 내고 있다.

또한 에네르콘은 철저한 집중전략을 쓰고 있다. 'Energy for the World'라는 슬로건을 내세우는 이 회사는 풍력에너지 설비 시장에만 전념한다. 그런데 좁게 정의한 어떤 분야에 집중하여 그 분야의 최고 전문회사가 되겠다는 전략을 채택한다는 것은 매력적으로 보이는 다른 시장들을 불가피하게 포기해야 함을 의미한다. 에네르콘은 과감히 포기할 줄 아는 회사다. 즉 이 회사는 중국과 미국이라는 거대한 시장에 들어가지 않으며, 또한 연해 시장offshore market에서도 활동하지 않는다. 바로 이러한 의식적인 자제가 회사의 경영에 좋게 작용한 듯 하며, 이로 말미암아 회사의 성장이나 수익성이 악영향을 받지는 않았다. 에네르콘이 진출한 나라의 육상 시장onshore market에서 강한 것은 이렇게 다른 시장을 포기하고 선택한 시장에만 집중했기 때문이라고 말할 수 있다.

에네르콘을 비롯한 많은 히든 챔피언들의 전략의 두 기둥은 집중화와 세계화다(〈그림 1-13〉 참조). 즉 전문화된 제품과 노하우를 전 세계에 파는 것이다. 에네르콘의 풍력터빈은 30개 이상의 국가에 설치되어 있으며, 세계 17개국에 판매 자회사가 있다. 이 회사는 지금까지 1만9,000개가 넘는 풍력에너지 설비를 공급했으며, 이것들이 생산할 수 있는 전력은 260억 와트에 달한다. 이것은 20개 이상의 원자력 발전소가 공급하는 전력과 맞먹는다.

에네르콘의 또 하나의 아주 중요한 전략의 축은 '자신의 힘에 의존한다'라는 것이다. 즉 대부분의 경쟁사가 부품을 외부에서 구입하고 조립하는 데 반해, 에네르콘은 거의 모든 부품을 직접 만든다. 풍력터빈, 탑, 회전날개는 말할 것도 없고, 심지어 운반도 자체 선박으로 한다. 앞에서 언급한 이-쉽도 이러한 스스로 만들기 전략의 일환으로 이 회사가 자체 개발했다. 이러한 전략의 결과 에네르콘의 '자체생산비율'은 75퍼센트가 넘는 것으로 추정된다. 이렇게 거의 모든 것을 자체 제작할 정도로 품질관리에 신경을 쓰므로, 에네르콘의 제품은 품질 좋기로 정평이 났다. 그 결과 에네르콘은 경쟁사들보다 15~20퍼센트 더 높은 가격을 부과한다. 이러한 고품질·고가격 전략이 고수익률로 이어지는 것이다.

끝으로 언급해야 할 것은 에네르콘의 매우 현명한 서비스 전략과 서비스 가격 전략이다. 에네르콘은 종업원 1만3,000명 가운데 3,000명 이상을 서비스에 투입할 정도로 서비스에 힘을 기울이는데, 이 회사의 유명한 서비스 프로그램인 EPK Enercon Partner Konzept 는 고객들에게 설비를 한 첫 해부터 12년 간 변함없는 상태로 가동할 수 있도록 보장해준다. 점검에서부터 안전서비스는 물론이고 손질과 수선에 이르기까지 모든 돌발적 사태를 책임지고 해결해준다는 내용이 계약서에 들어 있다. 또한 서비스 가격은 고객이 풍력발전 시설을 써서 얻는 수익에 달려 있다. 즉 에네르콘은 고객과 위험을 분담하며, 따라서 고객이 떠안는 객관적인 위험은 현격히 줄어든다. 이러한 제안은 고객에게 최고의 매력으로 다가온다. 그래서 고객들 가운데 85퍼센트가 EPK 계약을 맺는다. 이뿐만 아니라, 에네르콘은 12년 계약기간 동안의 첫 6년 간 서비스 가격의 절반을 스스로 부담한다.

고객을 위한 이러한 위험 부담과 보장은 비용을 수반하게 마련이다. 그러나 에네르콘은 그러한 비용을 충분히 감당할 수 있다. 왜냐하면 이 회사의 모든 제품들이 워낙 품질이 좋고 특히 기어가 없는 풍력터빈을 생산하기 때문이다. 대체로 기어는 고장을 많이 일으키고 자주 정비해야 하는데, 그것이 없으니 에네르콘은 고객들에게 97퍼센트의 가동률을 보장할 수 있다. 그러나 실제 가동률은 98퍼센트 이상이므로, 가동률 보장은 에네르콘에게 금전적으로 아무런 부담이 되지 않는다.

이와 같이 혁신, 집중, 세계화, 자가생산, 서비스, 품질 등이 에네르콘을 이해하기 위한 키워드이며, 에네르콘의 이러한 독특한 전략은 고성장·고수익·튼튼한 재무구조를 낳았다.

차별화와 원가우위를 모두 달성한 트룸프

1923년에 설립되어 현재 약 1만 명의 임직원이 근무하는 트룸프 Trumpf는 공작기계와 산업용 레이저 가공 시장에서 선두를 달리는 세계적인 회사다. 2011/12 회계연도에 약 23억3,000만 유로(약 3조3,400억 원)의 매출을 올린 트룸프는 참으로 야심찬 회사다. 이 회사는 세계시장의 선도를 자사의 목표로 삼고 있을 뿐만 아니라, 그것을 회사의 정체성 Identity 의 일부로 보는 듯하다. 그래서 트룸프는 자사의 포부를 이렇게 밝힌다.

"우리가 일하는 모든 영역에서 우리는 기술면에서 그리고 조직면에서 업계를 선도하고자 합니다."

다음의 일화는 트룸프가 이러한 야심적인 목표를 달성하고 있다는 것을 상징적으로 보여준다. 이 회사의 최고 경영진과 어느 컨설턴트가 점심 식사를 함께 하고 있을 때, 한 참석자가 전형적인 일본의 수출회사와 독일의 수출회사의 차이는 무엇이냐고 물었다. 참석자들은 일본을 대표하는 회사로 도요타 Toyota 를, 독일을 대표하는 회사로 트룸프를 각각 들었다. 그러자 다음과 같은 질문이 나왔다.

"어느 날 갑자기 이 회사들의 제품이 시장에서 사라진다면 어떻게 될까?"

도요타를 몰던 고객은 가볍게 다른 회사의 자동차모델을 살 것이라고 참석자들은 모두 입을 모았다. 자동차 산업은 어차피 공급과잉이다. 반면에 트룸프의 기계가 모두 자취를 감추면, 전 세계의 금속가공공장의 대다수가 멈춰설 것이다.

이렇게 트룸프의 제품은 고객들에게 이미 필수불가결이며, 그런 의미에서 이 회사의 고객들은 사실상 트룸프에 종속되어 있다고 말할 수 있다. 즉 언뜻 보면 시장에서 트룸프가 '을乙'이지만 실질적으로는 '갑甲'이다.

그러면 트룸프는 어떻게 이렇게 막강한 시장지배력을 갖게 되었을까? 오랫동안 이 회사의 회장을 역임한 베르톨트 라이빙어Berthold Leibinger는 혁신, 세계화, 연속성이라는 세 개의 성공요인을 든다. 먼저 이 회사의 혁신에 관한 이야기부터 하기로 한다.

우리는 '혁신'하면 흔히 극단적으로 새로운 제품이나 방식을 머리에 떠올린다. 그러나 실제로 그러한 혁신적인 제품은 무척 드물다. 라이빙어 회장은 자신의 업계에서는 대략 15년에 한 개 꼴로 그런 제품을 볼 수 있다고 말한다. 따라서 전형적인 혁신 과정은 언론의 주목을 받지 못하는 사소한 개선으로 이루어져 있다. 트룸프도 획기적인 혁신보다는 작지만 의미 있는 개선을 꾸준히 지속적으로 해나가고 있는 회사다.

트룸프는 대기업보다 매출액 가운데 더 높은 비율인 7퍼센트를 연구·개발에 투입하고 있기는 하지만, 이 회사는 혁신의 관건은 예산의 액수가 아니라 연구개발 인력의 수준이라고 믿고 있다.

트룸프가 대기업보다 훨씬 적은 예산과 인원으로 기술선도기업이 될 수 있었던 까닭은 집중과 깊이 그리고 연속성이다. 즉 이 회사의 막강한 혁신 능력의 비결은 평생 동안 회사의 제품을 향상시키는 데 매진해 온 소수 정예 인력의 존재인 것이다. 이러한 기술의 대가들gurus은 육성하는 데 엄청난 시간이 걸리고 대체하기가 아주 어려우므로, 그런 인재들을 확보하고 있는 트룸프 같은 회사들의 독특한 경쟁우위가 되고 있다.

트룸프의 역사에서 이 회사의 이러한 혁신 능력이 결정적인 힘을 발휘한 시기는 1980년대 초반이다. 그 전까지 트룸프는 함석판과 금속을 절단하는 기계류의 생산에서 선두를 달리고 있었는데, 1980년대 초에 레이저 기술이 이 분야에 밀려들어왔다. 금속절단기 시장에 집중하고 있던 트룸프에게 이것은 매우 심각한 도전이자 위협이었다. 이 회사는 이러한 상황을 맞아 자사의 전통적인 핵심 역량은 그대로 유지하면서 자체 레이저를 개발하는 정책을 썼고 개발에 성공했다. 그 결과 트룸프는 절단기 시장에서의 지도적인 위치를 잘 지켰을 뿐만 아니라, 산업용 레이저 업계의 최고 회사가 되었다.

트룸프는 현재 전 세계 26개국에 분포된 58개의 자회사 및 지사와 12개 생산 공장을 운영하고 있을 만큼 세계화되어 있다.

2011/2012 회계연도 매출액 23억3,000만 유로의 각 지역별 분포는 다음과 같다.

독일	독일 외 유럽	미국	아시아 및 기타
6억7,100만 유로	6억9,900만 유로	4억2,400만 유로	5억3,400만 유로
28.8%	30%	18.2%	22.9%

앞에서 우리는 트룸프의 뛰어난 혁신 능력을 논의하면서 연구개발 인력의 연속성을 논의한 바 있다. 즉 이 회사는 평생 한 우물만 깊게 파고 있는 소수의 연구원들이 회사의 든든한 버팀목이다. 뿐만 아니라 트룸프 임직원들의 이직률은 1.7퍼센트에 불과하다. 자진해서 회사를 떠나는 사람이 거의 없다는 뜻이다. 불황이 오더라도 이 회사는 직원을 내보내지 않는다. 2008년 9월 세계의 금융위기가 세계 경제를 강타하자, 이듬해인 2009년 트룸프의 매출액이 21억 유로에서 13억 유로로 무려 38퍼센트나 줄어들었다. 그러나 트룸프는 회사 사정에 따라 노동 시간을 유연하게 조정하는 제도를 적극적으로 활용함으로써 감원을 하지 않았다. 트룸프가 얼마나 해고를 기피하는가는 이 회사의 현 회장 니콜라 라이빙어-캄뮐러 Nicola Leibinger-Kammüller 회장의 다음의 말에서도 잘 알 수 있다.

"전문가는 한번 회사를 떠나면 다시는 돌아오지 않습니다."

한 술 더 떠서 이 회사는 최근에 각 직원이 주당 몇 시간 일할 것인지 스스로 정하는 제도를 도입했다. 이러한 유연한 근무시간 모델과 사람을 귀하게 여기는 기업문화가 직원의 충성심과 장기근속으로 이어짐은 말할 것도 없다.

2005년부터 트룸프를 역동적으로 이끌어가고 있는 니콜라 라이빙어-캄뮐러 회장은 어문학 박사이며, 또 오랫동안 이 회사의 회장을 역임한 베르톨트 라이빙어의 딸이다. 베르톨트 라이빙어는 트룸프의 창업자가 아니라 이 회사 직원 출신이다. 그는 회사에서 성장하면서 차츰 경영권을 인수했으며, 이제 트룸프는 그의 집안이 경영하고 있다. 가족기업이므로 회사의 최고 경영진도 재임 기간이 길다. 그래서 회사의 전략과 경영에는 불연속성이 거의 없다시피 하다. 이렇게 트룸프에는 연구원, 일반 임직원, 경영진 모두 할 것 없이 인적 연속성이 있고, 이 회사는 이것이 중요한 성공요인의 하나라고 확신하고 있다.

트룸프의 역사에서 매우 특이한 것은 이 회사가 집중 전략과 함께 다각화 전략도 성공적으로 구사했다는 사실이다. 레이저로 금속을 절단하는 기계로 세계시장을 제패했던 이 회사는 그 레이저 기술을 자사의 기계를 제작하는 데만 쓰지 않고, '레이저 기술'이

		제품	
		기존	신규
시장	기존	에네르콘을 비롯한 대다수의 히든 챔피언은 여기에 속함(집중 전략)	
	신규	트룸프의 레이저 기술 사업 (매출의 26%)	트룸프의 의료기술 사업 (매출의 7.3%)

〈그림 1-17〉 안소프 모델에 적용한 트룸프의 다각화 전략

라는 새로운 사업 분야에 투입했다. 오늘날 이 사업부는 회사 전체 매출의 약 26퍼센트를 기여하고 있다.

또한 트룸프는 자사의 금속가공 기술을 활용하여 병원의 수술대를 만들고, 레이저와 조명 분야의 노하우를 바탕으로 수술실의 조명시설을 제작하는 등 의료기술 분야에 성공적으로 진입했다. 이 경우에는 제품뿐만 아니라 병원이라는 고객집단도 트룸프의 기존 사업과는 거리가 멀다. 현재 의료기술 사업은 이 회사 매출의 7.3퍼센트를 차지한다. 트룸프의 다각화 노력을, 유명한 안소프 모델Ansoff Model에 적용해보면 〈그림 1-17〉과 같이 나타낼 수 있다.

끝으로 언급해야 할 것은 트룸프의 뛰어난 원가경쟁력이다. 한마디로 말해 이 회사는 차별화된 기술·제품 및 저렴한 원가를 모

두 달성하려는 아주 야심찬 목표를 추구하고 있다. 이에 관해 니콜라 라이빙어-캄뮐러 회장은 이렇게 말한다.

"우리는 모든 영역에서 더 빨라야 하고, 더 뛰어나야 하고, 원가도 더 적게 들어야 합니다. 기계 한 대 만드는 시간이 12주에서 5주로 줄어들었죠. 우리 회사는 최종 조립의 모든 과정을 컨베이어벨트에서 처리하는 몇 안 되는 기계제작회사 중 하나입니다."

지금까지 우리는 독일이 자랑하는 1,300여 개의 히든 챔피언들 중 대표적인 두 회사인 에네르콘과 트룸프의 사례를 살펴보았다. 그러면 이 두 회사의 공통점과 차이점은 무엇인가? 먼저 공통점은 다음과 같다.

- 열정적인 최고경영자
- 야심찬 목표를 추구
- 끊임없는 혁신
- 전문화된 고품질의 제품·노하우
- 세계시장에 판매

두 회사의 주요 차이점은 아래와 같다.

- 에네르콘은 철저한 집중전략을 고수하며, 트룸프는 집중 전략을 핵심으로 하면서 사업 다각화도 진행하고 있다.
- 에네르콘은 설비 제작 못지않게 서비스에도 힘을 기울이며, 트룸프는 아직 하드웨어의 생산과 판매에 집중하는 듯하다.
- 에네르콘은 회사 창립자가 여전히 진두에서 경영을 지휘하며, 트룸프는 직원 출신의 경영자가 회사의 소유권을 인수하여 이제는 창립자 집안이 아닌 다른 가문이 회사를 경영하고 있다.

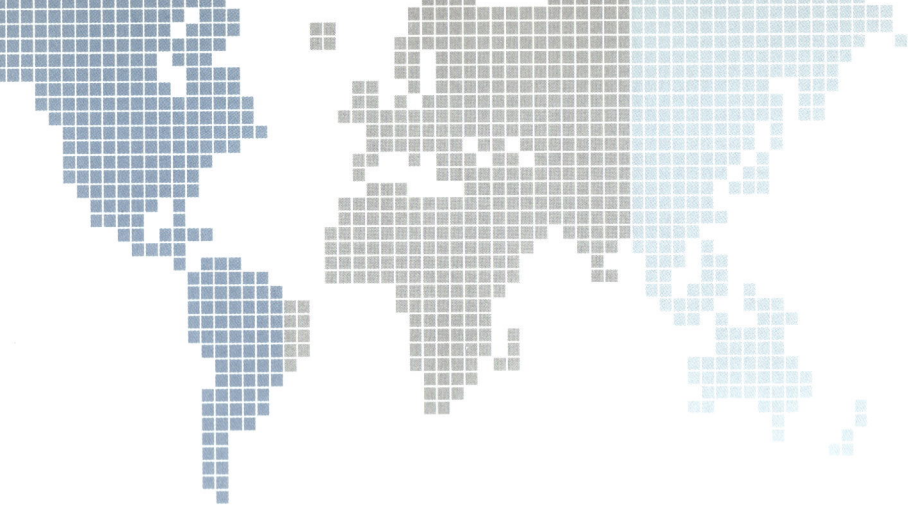

한국형 히든 챔피언
육성 방안

우리는 이 장에서 세계화가 앞으로 우리 나라의 경제와 우리의 일상생활에 얼마나 큰 영향을 미칠 것인가를 알게 되었다. 그래서 세계화는 한국사회의 커다란 기회이자 도전이라고 말할 수 있다.

또한 우리나라는 수출경쟁력이 상당히 강한 편이지만 아직도 독일과는 큰 차이가 있고, 수출의 주역은 예나 지금이나 여전히 소수의 대기업들이다. 다행히 최근 들어 우리 한국사회는 우리 경제를 이끌어온 대기업들의 공로를 인정하면서도 세계적인 수준의 히든 챔피언들을 현재보다 훨씬 더 많이 보유해야 한다는 사회적인 합의에 거의 도달한 듯하다. 우리는 이것이 한국 경제가 나아가야 할 매우 바람직하고 또 현실적인 방향이라고 생각한다. 왜냐하면 앞으로 10년 내에 삼성전자나 현대자동차 같은 초일류 대기업들이 또 나올 확률은 높지 않은 반면에, 히든 챔피언들 같은 기업은 우리나라에서 얼마든지 더 나올 수 있고 또 나와야 하기 때문이다.

그러면 독일의 경험을 염두에 두며 한국 사회가 더 많은 히든 챔피언들을 배출하는 데 도움이 될 만한 몇몇 방안을 생각해보기로 한다.

첫째, 무엇보다도 가장 중요한 것은 잠재적 히든 챔피언의 혁신능력을 높이는 것이다. 확실한 전문성 없이는 세계 최고가 될 수 없고, 전문성은 쉴 새 없는 혁신을 전제로 한다. 하지만 우리의 중소기업들은 자체의 역량만으로는 원하는 만큼 연구개발을 진행하기가 어려운 경우가 많다. 그래서 독일의 프라운호퍼 Fraunhofer 협회처럼 산업체가 주문하는 연구 프로젝트를 해주는 또는 같이 하는 기관이 있었으면 한다. 프라운호퍼 협회에서는 약 2만 명의 연구원들이 응용과학 프로젝트를 진행하고 있는데, 독일의 대기업 및 중소기업들은 이 협회와 긴밀히 협조하고 있으며 그것이 이 나라의 혁신성에 크게 이바지하고 있다. 예를 들어, 전문가용 필름 카메라 분야의 선도기업인 ARRI는 아날로그에서 디지털로 전환해야 하는 큰 과제를 안고 있었다. 이 회사는 MP3 시스템을 개발한 프라운호퍼의 도움으로 성공적으로 이 도전을 극복할 수 있었다. 궁극적으로 우리의 히든 챔피언들이 세계 무대에서 지속적으로 성장할 수 있도록 그들의 R&D 능력을 키워주는 것이 정부 정책의 주안점의 하나가 되어야 한다.

둘째, 훌륭한 중소기업에서 경력을 키우거나 창업하는 것이 좋은 인생의 선택이 될 수 있다는 생각이 사회 전반에 정착되도록 좋은 중소기업 사례, 성공한 청년실업가 사례 등을 지속적으로 발굴하여 널리 알려야 한다. 히든 챔피언은 '기업가 정신'이라는 토양에서만 자랄 수 있기 때문이다. 한국인의 평균 IQ는 105이고 독일인의 평균 IQ는 99이다. 그래서 우리는 한국에 아주 뛰어난 잠재적 젊은 기업인이 무척 많을 것이라고 확신한다.

독일의 세계적인 소프트웨어 회사 SAP는 IBM의 독일 자회사에서 일하던 네 명의 젊은이들이 IBM을 과감히 그만두고 1972년에 설립한 회사다. 설립자의 한 사람인 하쏘 플라트너Hasso Plattner는 언젠가 자신이 거대한 전자회사 지멘스와 입사 면담을 한 경험에 대해서 이렇게 말했다고 한다.

"나는 면담을 하면서 지멘스에서는 도저히 일할 수 없다는 것을 직감했다. 그 회사는 마치 우체국 같다."

스크린골프 시장의 1위 기업인 골프존의 설립자 김영찬 회장과 세계적인 건설관리CM 회사 한미글로벌의 김종훈 회장은 모두 삼성 출신 기업인이다. 이들이 IBM이나 삼성에 계속 있었으면 어떻게 됐을까? 우리는 이러한 성장하는 회사들에 합류한 젊은이들이 대기업에 입사한 그들 또래의 젊은이들보다 더 잘 성장할 확률이 높다고 본다.

셋째, 한국의 대기업들은 우수한 히든 챔피언들이 있는 것이 그들에게도 유리하다는 것을 알았으면 한다. 독일의 보쉬는 세계 최고의 자동차 부품 회사다. 그러나 그 회사의 국제경쟁력은 수많은 히든 챔피언들의 도움이 있기 때문에 비로소 가능한 것이다. 우수한 협력회사들의 존재가 궁극적으로 재벌들에게도 유리하다는 것은 자명하다. 그래서 삼성전자에 납품하는 회사는 애플이나 노키아에도 납품할 수 있어야 하고, 현대자동차의 협력회사는 도요타나 폭스바겐과도 거래할 수 있어야 한다. 또한 우수한 인재들이 몰려 있는 재벌 그룹 내에는 잠재적 히든 챔피언들이 무척 많다. 그런 사업부들을 과감하게 분사하면 그들이 더 크게 성장할 가능성이 높다.

독일에는 바이엘Bayer이라는 좋은 제약회사가 있는데, 치과용 제품을 생산하는 부서가 있었고 연매출은 약 1억5,000만 유로(약 2,200억 원) 정도였다. 이 정도 매출로는 회사 내에서 그렇게 주목을 받지 못한다. 그러나 바이엘은 이 부서를 분사하여 '헤라우스'라는 회사를 만들었고, 헤라우스는 눈부시게 발전했다. 치과 의료 장비시스템 회사인 지로나Sirona라는 회사도 지멘스의 치과 사업을 하던 작은 부서였다. 지로나는 몇 년 전에 독립하자마자 기업가 정신을 유감없이 발휘하여 이미 이 분야에서 세계적인 회사가 되었다.

우리나라의 재벌기업에는 잘 훈련받은 잠재적 기업가들이 그들의 역량을 발휘할 수 없는 일을 함으로 말미암아 좌절하거나 관료화하는 경우가 많다. 이들의 기업가 정신과 대기업의 자본력 및 경영노하우를 결합한 사업 모델은 한국경제의 또 하나의 훌륭한 성장 엔진이 될 수 있다.

넷째, 히든 챔피언이 나올 수 있는 분위기가 넘치는 산업클러스터가 여러 개 있어야 한다. 대전 근교의 대덕단지가 그 좋은 본보기다. 이곳에는 특히 KAIST 졸업생들이 큰 역할을 하고 있는 전문화된 기업들이 속속 생겨나고 있으며, 이들의 상당수가 세계적인 회사가 될 것으로 보인다. 이곳의 기업인들은 서로 협조하며 또 경쟁한다. 포스텍과 포스코가 있는 포항, 성균관대학교와 삼성전자가 있는 수원, 서울의 가산디지털단지 등이 세계적인 히든 챔피언들의 메카가 되지 말라는 법은 없다. 중요한 것은 기업가 정신으로 무장된 경영자들이 모이고 그들이 서로 치열하게 경쟁하면서 또 서로 정보와 아이디어 그리고 자극을 주고받는 것이다. 이러한 산업클러스터가 히든 챔피언들을 배양하는 최상의 공동체다.

독일은 인재와 히든 챔피언들이 전국에 고루 퍼져 있는 것이 나라의 큰 강점이다. 우리는 수도권에 인재와 자본이 지나치게 집중되어 있다. 나라의 먼 장래를 내다볼 때 이것은 반드시 시정되어야 하며, 그런 의미에서 대덕단지 같은 모델은 참으로 바람직하다.

끝으로, 한국의 중소기업들이 겪고 있는 인재난에 대해 언급하고자 한다. 우선 기술인력의 배출에 관한 한, 정부가 직업학교를 운영하고 민간기업들이 훈련을 맡고 있는 독일의 직업훈련 시스템은 아주 훌륭하다. 이것은 정부와 기업 그리고 이론과 실무를 결합한 모델이며, 우리의 마이스터고등학교 제도는 기업이 적극적으로 협조하면 이러한 방향으로 진화할 수 있을 것으로 보인다.

또 대졸 사원들을 확보하기 위한 방안으로 다음과 같은 아이디어를 제안한다.

첫째, 대학생 인턴제도의 적극적인 도입과 시행이다. 많은 대학생들이 중소기업에 대해서는 거의 모르기 때문에 작은 회사에 가는 것에 대해 막연한 두려움을 갖고 있다. 그들이 여름방학 또는 겨울방학에 회사에서 직접 일을 해보면 중소기업에 대해 갖고 있던 잘못된 인식 또는 오해가 불식될 수 있을 것이다.

둘째, 회사가 위치하고 있는 지역의 대학 또는 전문대학의 재학생들을 목표로 하는 것도 괜찮다. 전국에 있는 대학에서 사람을 뽑으려고 할 것이 아니라 우리 지역의 학생들을 채용하는 것이다. 서울의 대기업에 입사하는 데 어려움을 겪는 지방의 많은 우수한 인재들이 전망이 밝은 잠재적 히든 챔피언에서 일하는 것은 매우 바람직한 방향이다.

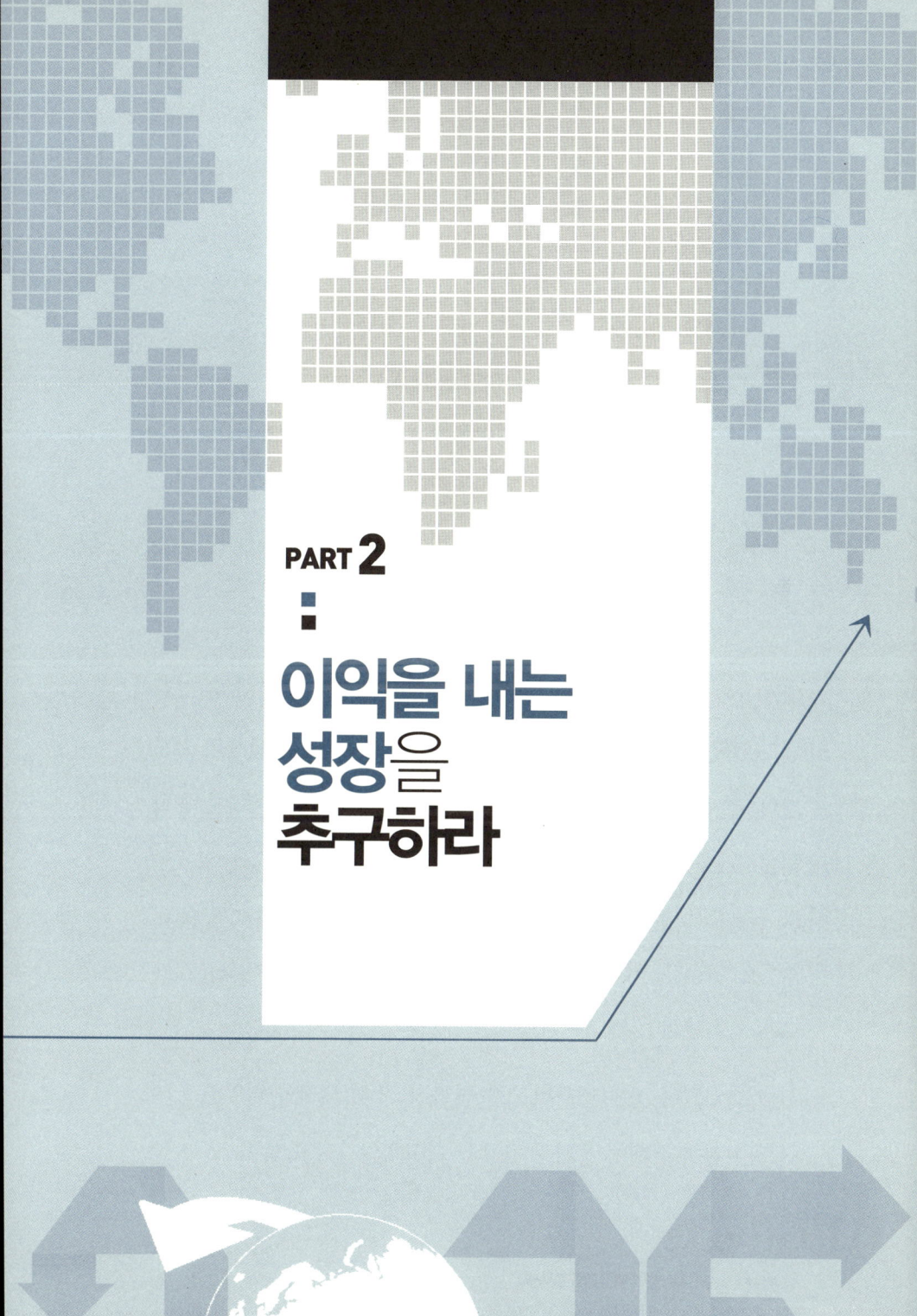

PART 2

이익을 내는 성장을 추구하라

주주가치 예찬

'주주가치'라는 개념은 1990년대에는 CEO들과 자본시장 전문가들 사이에서 매우 인기가 높았다. 그런데 2008년 경제 위기가 터진 뒤 이 개념은 몰매 맞는 신세로 전락했다. 주주가치란 원래 1986년에 미국의 경제학자 앨프리드 래퍼포트Alfred Rappaport가 기업 경영을 위해 제안했던 개념인데, 참으로 큰 변화를 겪고 있다. 물론 좌익 성향을 띤 집단과 경제를 잘 모르는 사람들이 이 '주주가치' 개념을 비난하는 데 앞장서고 있다. 그러나 놀랍게도 경제전문가들 가운데서도 그들의 비판에 동조하는 사람들이 있다. 1981년부터 2001년까지 GE의 회장을 역임했고 지금도 여전히 세계에서 가장 유명한 최고경영자라고 할 수 있는 잭 웰치Jack Welch는 2009년에 이렇게 말했다.

"정확히 말해서 '주주가치'는 세계에서 가장 바보 같은 아이디어다."

또 스위스의 상트 갈렌St. Gallen 대학교의 프레트문트 말릭Fredmund Malik 교수는 잭 웰치의 의견에 동조한다.

"'주주가치'라는 원칙에 바탕을 두고 있는 기업 지배구조는 기업을 체계적으로 잘못 이끌고 갈 수밖에 없다."[20]

이것은 참 이상한 일이다. 왜냐하면 웰치 같은 사람은 지난 수십 년 동안 주주가치를 예찬했기 때문이다. 그러나 그는 자본시장이 기대하는 (석 달마다 발표되는) 성과를 보여주기 위한 술책으로 이 개념을 주로 활용했다. 그가 이 개념을 만들어낸 사람의 뜻으로 주주가치를 실현하려고 한 것 같지는 않다. 그런데 그는 이제 와서 갑자기 주주가치에 대해 나 몰라라 하는 것이다. 또 말릭 교수의 말을 가만히 곱씹어 보면, 도대체 그가 무슨 말을 하는지 묻지 않을 수 없다. 그가 말하는 주주가치가 래퍼포트가 정의한 의미의 '주주가치'라고 보기는 불가능하다.

독일에서는 다임러-크라이슬러Daimler-Chrysler의 회장을 역임했던 위르겐 쉬렘프Jürgen Schrempp가 특히 이 개념과 관련하여 많이 언급된다. 그러나 그가 실제로 했던 일은 주주가치를 높이는 것의 정반대였다. 1998년 11월 18일 다임러와 크라이슬러가 합쳤을 때 두 회사의 시가총액은 664억7,000만 유로였다. 그로부터 6년 8개월이 지난 2005년 7월 27일 쉬렘프 회장이 물러난다고 발표했을 때, 다임러-크라이슬러의 시가총액은 약 45퍼센트가 적은 367억 9,000만 유로였다.

우리는 먼저 '주주가치'라는 말의 뜻을 명확히 하고 이 개념을 변호할 필요성을 느낀다. 주주가치란 무엇인가? 그것은 간단히 말해 장기적 이익극대화를 통한 기업 가치의 제고다. 경영학 분야에서 주주가치가 기업 경영의 유일한 의미 있는 목적함수라는 것을 심각하게 의심하는 사람은 거의 없다. 피터 드러커는 같은 이야기를 다음과 같이 매우 적절히 표현하고 있다.

"이익은 기업이 생존하기 위한 비용이다."

즉 이익은 기업이 '내면 좋은 것'이 아니라 기업이 살아남기 위해 '반드시 내야 하는 것'이다. 경영진의 과제는 매출액과 총 원가의 차이를 벌리는 것이다. 그렇지만 동시에 우리는 다음 사실을 명백히 할 필요가 있다.

"주주가치란 장기적으로 기업에 해를 끼치는 조치를 취함으로써 이익 또는 주가를 단기적으로 끌어올리는 것이 아니다."

그러나 많은 경영자들이 주주가치의 기치 아래 바로 이런 행동을 한 것도 사실이다. 예를 들어, 연구개발 예산의 삭감, 정리해고, 생산시설의 (합리화가 아닌) 폐쇄 등이 주주가치를 높인다는 미명 아래 행해졌지만, 결과적으로는 거꾸로 주주가치를 떨어뜨린 사례가 허다하다.

또 한 가지 언급해야 할 사항이 있다. 그것은 최근에 우리나라에서도 많이 도입된 이른바 주식매수청구권, 즉 스톡옵션 stock option 이 많은 경우 주주가치와 양립할 수 없다는 것이다. 스톡옵션은 그것을 행사할 수 있는 사람들에게 주가 상승으로 인한 혜택의 가능성을 주지만, 그들이 주가 하락의 위험을 부담하지는 않는 독특한 게임이다. 그래서 스톡옵션을 받은 경영자들은 지극히 위험한 결정을 내리고 싶은 유혹에 빠지기 십상이다. 반면에 주주는 주가 하락의 위험을 고스란히 안고 있는 투자자다.

간혹 주주가치에 대한 대안으로 '이해관계자 가치 stakeholder value'라는 개념이 제시되곤 한다. 이것은 직원, 금융기관, 고객, 공급회사, 국가 등 주주 외의 기업 이해관계자의 이해관계도 적절히 반영되어야 한다는 뜻을 담은 개념이다. 이 개념 자체에 대해서는 우리는 아무런 이의가 없다. 그러나 '이해관계자 가치'는 그것을 의미 있고 측정 가능한 척도로 바꾸기가 거의 불가능하다.

우리는 주주가치를 높이는 것이 이해관계자들에게도 장기적으로 최적의 결과를 가져오거나 최소한 만족스러운 성과를 낳을 것이라고 확신한다. 회사는 지속적으로 이익을 내는데 그 안에서 일하는 직원들이 계속 행복하지 않다고 느끼는 경우는 거의 없다. 금융기관, 고객, 공급회사, 국가 등 다른 이해관계자도 궁극적으로는 기업이 계속 이익을 내야만 행복해진다. 반면에 기업이 이익을 못 올리면, 직원을 비롯한 이해관계자들이 만족감을 느끼기 힘들다. 회사는 그것의 경영진이 이해관계자들의 이해관계를 어느 정도 조정하고 그들로 하여금 계속 우리 회사와 관계를 맺도록 할 수 있어야만 장기적이고 지속적인 가치를 창출할 수 있다.

그렇다면 우리의 결론은 명확하다. 모든 기업은 '장기적 이익극대화를 통한 기업 가치의 제고', 즉 '주주가치 극대화'라는 목표에 충실해야 한다. 각종 논란에도 불구하고 기업 경영의 목표로서 '주주가치'라는 개념 자체의 유효성은 예나 지금이나 변함이 없다.

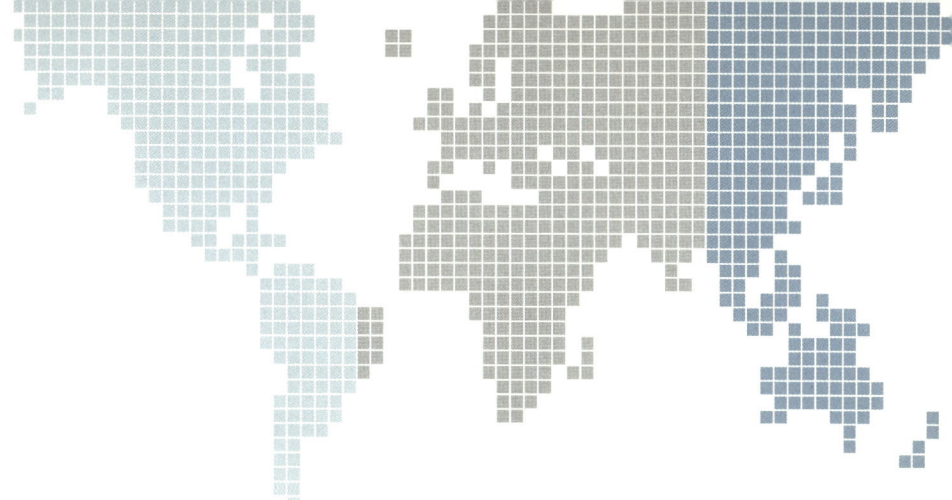

스톡옵션이 아닌 주식매수다

앞에서 우리는 위르겐 쉬렘프의 재임 기간 동안 다임러-크라이슬러의 시가총액이 약 45퍼센트 떨어졌다고 했다. 즉 약 300억 유로가량의 큰돈이 날아간 것이다. 지금 유럽은 높은 실업률로 고통을 겪고 있는데, 이 돈을 벌려면 연봉 3만 유로의 근로자 100만 명이 1년을 꼬박 일해야 한다. 그런데 같은 기간 동안 미국의 다우존스 Dow Jones는 13.1퍼센트, 독일의 닥스 DAX는 3.3퍼센트 올랐으므로, 이 회사의 시가총액이 그렇게 많이 떨어진 것은 주식시장의 전반적인 상황과는 관계가 없다. 이렇게 엄청난 주주가치 하락을 방지하거나 하락 폭을 줄일 수는 없었을까?

이 회사의 최고경영진에게 부여된 다양한 스톡옵션 프로그램이 이런 면에서 도움이 되지 않았던 것은 확실하다. 우리는 이러한 재앙을 예방하기 위한 훨씬 더 효과적이고 단순한 방책을 여기서 논의하고자 한다. 즉 복잡하고 효과도 없으며 주주의 이익을 침해할 수 있는 스톡옵션 프로그램을 없애고, 그 대신 회장에게 자신의 돈으로 상당한 물량의 자사주를 사게 하고 그것을 그가 퇴임할 때까지 보유하게 하는 것이다. 물론 회장 외의 다른 고위 경영자들도 이러한 주식매수 프로그램에 참여해야 할 것이다. 만약 다임러-크라이슬러의 최고경영진에게 이러한 주식매수 프로그램을 받아들이도록 했었다면, 이 회사의 시가총액이 300억 유로나 떨어지는 일은 없었을 것이다.

주식 매수와 스톡옵션의 기능은 근본적으로 다르다. 스톡옵션은 복권과 비슷하다. 그러나 주식 매수는 경영자들을 회사의 공동소유자로 만든다. 이것의 의미는 무엇인가? 주주들은 회사의 소유자로서 자신들과 경영자들이 같은 목표를 추구하기를 바란다. 주주들이 원하는 바는 물론 주가가 올라가는 것이다. 그러나 동시에 주주들은 주가가 떨어져서 손해를 보는 사태가 일어나지 않기를 열망한다. 심지어 어떤 때는 이렇게 손실을 방지하는 것이 주된 목표가 되기도 한다. 그러나 스톡옵션은 거의 대부분의 경우 주가를 올리는 것에만 초점이 맞추어져 있다. 예를 들어, 몇 년 전에 세계적인 소프트웨어회사 SAP의 경영진에게 부여된 스톡옵션은 시가총액이 갑절이 되고 어떤 비교지표를 넘으면 경영진이 최고 3억 유로까지 가져갈 수 있도록 했다.

그러면 거꾸로 주가가 떨어지면 어떻게 되는가? 경영진은 전혀 영향을 받지 않는다. 그들이 부담하는 위험은 기껏해야 주식매수청구권을 행사하지 못할 가능성뿐이다. 즉 그들에게는 위쪽 기회upside chance만 있고 아래쪽 위험downside risk은 없다. 반면에 주주들은 위쪽 기회와 아래쪽 위험이 모두 있다. 간단한 보기를 들어 이러한 이해관계의 상충을 알아보자.

어느 회사의 스톡옵션 프로그램은 주가 상승분의 10퍼센트를 경영진에게 준다. 주가가 떨어지면 경영진은 당연히 스톡옵션을 행사하지 않는다. 경영진은 행위 '가'와 '나' 중에 하나를 고를 수 있다. '가'를 선택하면 가치가 50억 원이 올라갈 확률이 50퍼센트이고, 100억 원 떨어질 확률도 50퍼센트다. '나'를 고르면 가치가 15억 원 올라갈 확률이 50퍼센트고, 5억 원 떨어질 확률이 역시 50퍼센트다. 경영자가 '가'를 택하면, 기대소득은 2억5,000만 원이다(10퍼센트×0.5×50억 원). 그러나 이 경우 주주의 기대손실은 26억2,500만 원이다(0.5×50억 원 - 0.5×100 - 0.5×2억5,000만 원(경영자에게 지불하는 돈)). 그런데 '나'를 선택하면 상황이 거꾸로 된다. 경영자의 기대소득은 7,500만 원이다(10퍼센트×0.5×15억 원). 그러나 주주는 4억6,250만 원의 가치상승을 기대할 수 있다(0.5× 15억 원 – 0.5×5억 원 – 0.5×7,500만 원(경영자에게 지불하는 돈)). 이러한 상황에서 경영진이 어느 대안을 선택할 것인가는 불을 보듯 명확하다. 그는 말할 것도 없이 '가'를 택할 것이다. 주주들이 이러한 구조의 장려책을 경영진에게 제공하면, 그들은 그 결과에 대해서 놀랄 필요가 없다. 경영진은 경제적 이익이라는 관점에서 합리적이고 일관성 있게 행동한 것이다. 잘못은 다름 아닌 바로 그 스톡옵션 모델이다.

기업이 스톡옵션이 아닌 주식 모델을 도입하면 성공의 관건은 경영자들의 주식투자 규모다. 즉 경영자가 투자하는 금액은 그에게 **고통을 줄 정도**가 되어야 한다. 상당히 부담을 느낄 정도의 액수를 투자함으로써 경영자는 자신도 위험을 부담하는 회사의 공동소유자가 되며, 따라서 **주주들과 같은 배를 타는 것**이다. 바로 이 점이 핵심이다. 독일의 지멘스는 몇 년 전부터 임원들에게 자사주를 구입·보유할 것을 요구하고 있다. 이에 따라 임원들은 각자의 고정급의 갑절에 해당하는 액수의 지멘스 주식을 사야 한다. 주가가 떨어지면 임원들은 주식을 더 사서 차이를 메워야 하므로 그들이 실제로 부담하는 금액은 줄지 않는다. 지멘스의 경우 자사주 보유기간은 3년이다. 우리는 이 의무 보유기간이 조금 더 길어야 한다고 생각한다. 이상적으로는 임원들이 현직을 떠난 후에도 일정 기간 보유하도록 하는 것이 좋다. 그러면 그들이 더 장기지향적으로 생각하고 행동할 가능성이 한층 더 커질 것이다.

시장점유율 신화에서 벗어나라

기업이 추구하는 목표는 대체로 다음과 같다.[21][22][23]

- 수익성 목표(이익, 영업이익률, 투자수익률)
- 매출/성장 목표(판매량, 시장점유율, 시장선도, 매출액 또는 매출액 신장률)
- 재무 목표(유동성, 신용등급, 자금 자체 조달 능력)
- 사회적 목표(일자리의 창출/유지, 업무만족도 등)
- 권력 목표(독립, 사회적·정치적 영향력 등)

많은 경우 기업은 여러 개의 목표를 동시에 추구하며, 그 결과 목표들 사이에 갈등이 생기기 십상이다. 우리는 특히 이익 목표와 매출액·판매량·시장점유율 목표의 충돌을 흔히 목격한다.

목표의 충돌은 기업이 부딪히고 있는 현실의 한 부분이다. 경영자는 끊임없이 이익 목표와 매출액·판매량·시장점유율 목표를 놓고 양쪽을 저울질해야 한다. 〈그림 2-1〉은 이러한 상황을 보여준다. 가로축은 매출 증대, 세로축은 이익 성장을 나타내며, 두 축이 만나는 지점은 현재의 상태를 가리킨다.

1사분면은 '경영자의 꿈'이다. 즉 이익과 판매량이 모두 늘어나고 있다. 시장이 성장하지 않을 때 이러한 상황은 오로지 기존의 가격이 너무 높을 때만 일어날 수 있다. 이 경우에는 가격이 떨어짐으로써 일어나는 판매량 증가가 마진 축소를 메우고도 남는다. 따라서 결과적으로 이익이 더 늘어난다. 성장하는 시장에서는 상대적으로 '경영자의 꿈'을 달성하기가 더 용이함은 말할 것도 없다. 그 밖에 기업이 1사분면에 도달하는 가장 빠른 길은 신제품을 내놓는 것이다.

2사분면과 4사분면이 현실에서 경영자가 만나는 전형적인 상황이다. 즉 그는 매출 증대와 이익 성장 중에 하나를 골라야만 하며 둘 다 가질 수는 없다. 2사분면에서는 이익이 올라가고 판매량

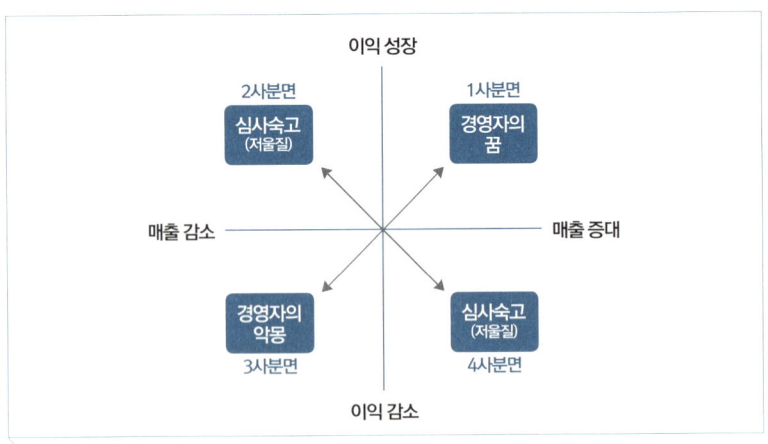

⟨그림 2-1⟩ 이익 성장이냐, 매출 증대냐?

이 떨어진다. 여기서는 기존 가격이 최적가격보다 낮다. 그래서 값을 올리면 매출이 떨어지기는 하지만, 상대적으로 공헌마진이 비례 이상으로 커지기 때문에 이익이 상승한다. 4사분면에서는 이익이 줄어들고 판매량이 올라간다. 이런 상황은 가격이 최적 수준이거나 그보다 낮을 때 값을 내리면 발생한다. 2사분면과 4사분면의 경우에는 이익과 매출이 반대 방향으로 전개되므로 경영자는 이 사실을 꼭 염두에 두고 의사결정을 해야 한다.

'경영자의 악몽'인 3사분면은 반드시 피해야 한다. 가뜩이나 가격이 비싼데 가격을 더 올리면, 판매량과 이익이 모두 줄어든다.

현실에서 이익을 가장 중요한 목표로 내세우는 경영자는 매우 드문 듯하다. 우리가 기업들에게 받은 인상은 마진, 수익률, 이익의 절대액수 등이 시장점유율이나 판매량보다 덜 중시되는 것 같다는 것이다. 심지어 어느 유명 자동차회사의 고위경영자는 아래와 같이 말한 적도 있다.

"우리 회사에서는 시장점유율이 0.1퍼센트만 떨어져도 간부들이 줄줄이 옷을 벗습니다. 그러나 이익은 20퍼센트가 줄어도 아무 일도 일어나지 않습니다."

물론 이 말은 조금 과장된 표현이기는 하지만 매출·시장점유율 목표 위주의 사고방식이 업계에 널리 퍼져 있다는 사실을 잘 보여준다.

또 일본의 어느 유수 전자회사에서는 다음과 같은 일이 있었다. 수익률이 2퍼센트밖에 안 되는 이 회사에서 경영진과 컨설턴트들이 열띤 토론을 벌인 끝에 가격 인상이 불가피하다고 결론을 내렸다. 그러자 이 풍경을 지켜보던 CEO가 강하게 제동을 걸었다.

"그러면 우리 회사의 시장점유율이 떨어집니다. 가격 인상은 있을 수 없습니다."

그러면 왜 이렇게 매출 목표와 시장점유율 목표가 이익 증대보다 현실에서 지배적일까? 여러 가지 이유가 있지만, 가장 중요한 것은 그 유명한 PIMS 프로젝트의 연구 결과인 듯하다. 〈그림 2-2〉는 그것의 핵심 내용을 보여주고 있다. 그림에서 보다시피 시장점

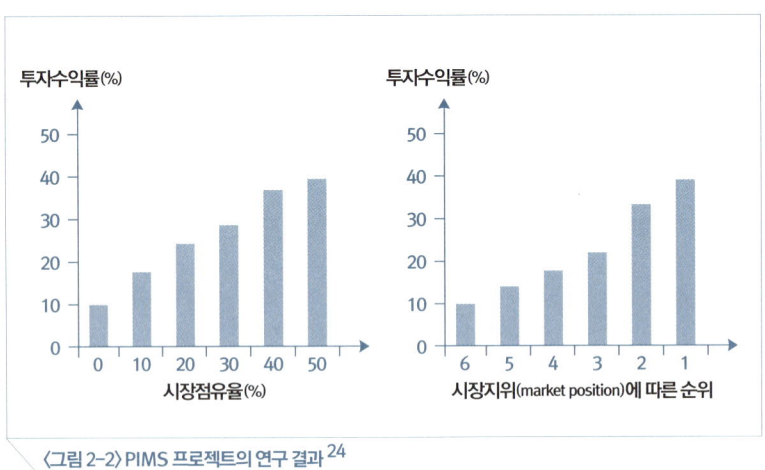

〈그림 2-2〉 PIMS 프로젝트의 연구 결과[24]

유율과 투자수익률 사이의 상관계수는 매우 높다. 시장점유율이 가장 높은 회사의 투자수익률은 5위 회사의 수익률보다 약 세 배 가량 높다. 이러한 결과의 전략적 시사점은 아주 간단하다.

"시장점유율을 최고로 높여라!"

두 번째로 언급해야 할 것은 경험곡선효과 experience curve effect 라는 개념의 영향이다. 이 개념에 따르면 기업의 원가경쟁력은 그것의 상대적 시장점유율 relative market share 에 달려 있다. 상대적 시장점유율이란 자사 점유율을 가장 강한 경쟁사의 점유율로 나눈 수치를 말한다. 상대적 시장점유율이 높을수록 경험곡선효과에 의하여 해당 기업의 단위원가가 낮아진다.[25] 따라서 시장선도기업은 원가가 가장 낮으며, 그래서 값이 같으면 수익률이 제일 높다.

또한 경험곡선효과는 유명한 BCG 도표BCG Matrix의 바탕을 이루고 있기도 하다. 잘 알려진 대로, BCG 도표는 '시장성장률'과 '상대적 시장점유율'이라는 두 차원으로 이루어져 있다. 기업의 이른바 전략적 사업단위Strategic Business Unit가 이 두 차원으로 이루어진 도표의 어디에 위치하느냐에 따라 아래의 넷 중의 하나로 분류된다.

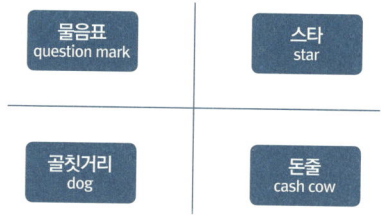

그리고 이 넷 중 하나에 속하는 각 사업부에 대해 그것에 어울리는 이상적인 전략이 제안되는데, 그 중심에 있는 것이 '시장점유율의 관리'다. 여기서도 전략의 기본 방향은 명확하다.

"기업은 되도록 높은 시장점유율을 얻기 위해 노력해야 한다."

경험곡선효과와 PIMS 연구는 모든 시장점유율 위주 철학의 원조다. GE의 회장을 역임한 잭 웰치는 그러한 철학의 대표적인 옹호자였다. 그는 1980년대 초에 다음과 같이 선언한 바 있다.

"GE는 시장에서 1위 또는 2위 자리를 차지할 수 없는 모든 사업 분야에서 철수할 것입니다."

그러나 최근 연구 성과에 따르면, 시장점유율과 투자수익률의 관계는 PIMS 연구자들이 주장했던 것보다 훨씬 약할 뿐만 아니라 둘 사이에 인과관계가 있는지도 확실치 않다.[26] [27] 현대의 분석기법을 동원하여 연구자들이 얻은 결과는 한마디로 말해 "시장점유율이 수익성에 미치는 영향은 매우 적다"라는 것이다.

아래의 인용구는 이 문제에 관한 마케팅학계의 현재의 생각을 잘 요약한다.

"높은 시장점유율 자체는 수익률을 증가시키지 않는다. 그러나 시장점유율이 높은 회사는, 점유율이 낮은 회사가 할 수 없는 이익을 올리기 위한 행동을 취할 수 있다."[28]

이러한 결론은 PIMS 프로젝트의 연구 결과와 경험곡선효과의 개념을 완전히 반박하는 것은 아니다. 또한 이 말을 들었다고 해서 잭 웰치의 1·2위 전략이 전적으로 잘못된 정책이라고 말할 수도 없다. 그런데도 위의 결론은 "시장점유율이 최고다"라는 기존 철학의 보편타당성에 의문을 제기한다.

그러나 이 밖의 많은 관련 연구는 **"기업이 매출·시장점유율 목표를 추구하는 것은 아주 큰 문제다"**라고 주장한다.[29] [30] [31] 그리고 우리도 이 말에 동의한다. 그 이유는 대체로 높은 시장점유율은 낮은 가격으로, 즉 마진을 희생함으로써 얻어지기 때문이다. 그 결과 대부분의 경우 기업이 올리는 이익은 더 적다.

이러한 사실을 인식해서인지 최근 들어 많은 경영자들이 이익 증대와 매출 증대를 모두 고려하고 양쪽을 저울질해야 할 필요성을 인정한다. 그래서 요즘은 '**이익을 내는 성장**profitable growth'이란 말이 많이 쓰인다. 즉 이제 기업은 어떤 대가를 치르고서라도 성장을 추구하지는 않는다. 예를 들어, 독일의 뢰베Loewe라는 전자제품 제조회사는 자사 제품들의 가격이 상대적으로 높기 때문에 시장점유율은 그다지 높지 않지만 이익이 늘어난다는 사실에 만족한다.

자동차업계에서도 이런 경향이 뚜렷하다. 프랑스의 자동차회사 푸조 시트로엥Peugeot Citroën은 이익과 매출 간에 의심이 날 경우에는 수익성을 택한다. 그래서 이 회사는 할인율을 높여서 많이 팔려고 하기보다는 차라리 생산량을 줄인다. 독일의 BMW도 2020년까지의 기업 전략을 보면, 성장이 최우선 순위가 아니고 이익 목표가 더 크게 강조되고 있다.[32] 포르쉐는 이미 예전부터 철저하게 이 길을 가고 있다.

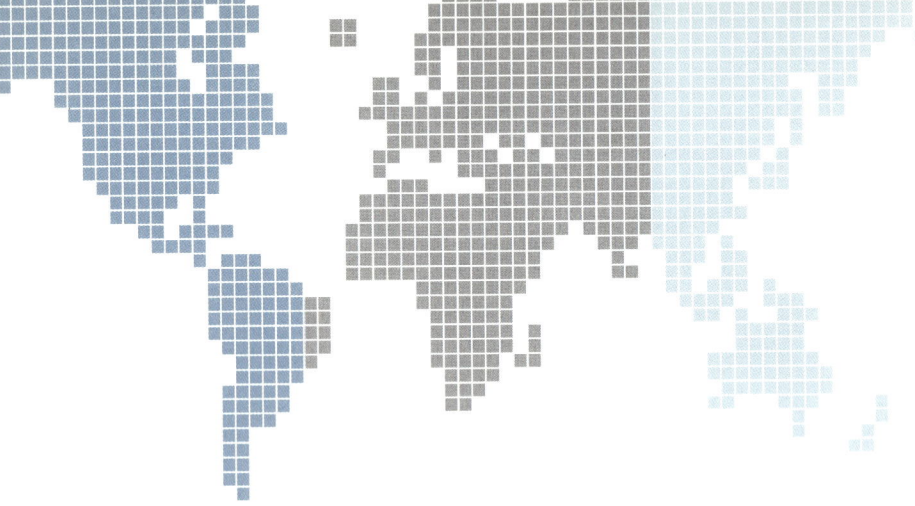

이익 중심의
경영이 필요하다

앞에서 우리는 경영자들이 시장점유율의 신화에서 벗어나 이익 중심의 경영을 해야 하는 당위성을 강조했다. 여기서는 그들이 이러한 새로운 경영 패러다임을 회사에 뿌리내리도록 하는 데 도움이 될 만한 몇 가지 제안을 하겠다.

마진에 비례해서 판매수수료를 주라

회사는 기본적으로 영업사원들이 받는 판매수수료를 마진에 비례하도록 하는 것이 좋다. 그런데 이러한 인센티브 제도를 도입하려고 할 때 회사는 현실적으로 크게 두 가지 문제에 부딪힌다. 첫째, 회사 제품의 이익 또는 마진에 관한 정보가 고객에게 흘러들어갈

염려가 있다. 이런 것이 바람직하지 않음은 말할 것도 없다.[33] 둘째, 각 고객별로 공헌마진을 파악하려면 고도로 발달한 정보 시스템이 있어야 하는데 많은 회사들이 그런 것을 갖추고 있지 않다.[34]

이러한 어려움을 비켜가기 위해, 현실에서는 매출액에 비례하는 판매수수료 시스템의 폐해를 줄이고 마진 지향 시스템에 다가가기 위한 여러 가지 인센티브 제도가 나타난다. 아래의 보기들을 보자.

• **가격준수 프리미엄**

영업사원은 기본적으로 매출액에 비례해서 보상을 받는다. 그러나 그들이 시장에서 실제로 받아낸 가격이 회사가 설정한 목표가격보다 높으면 높을수록 그들은 추가적으로 더 많은 가격준수 프리미엄을 받게 된다. 가격준수 프리미엄이 실제 판매가격과 목표가격의 차이에 비례함은 말할 것도 없다. 즉 값을 깎아서 매출을 많이 올리는 영업사원보다 회사의 가격지침을 준수하면서 판매를 성사하는 영업사원이 훨씬 더 좋은 대우를 받는 것이다.

• **역할인 인센티브** anti-discount incentive

〈그림 2-3〉도 공헌마진을 드러내지 않는 인센티브 제도다. 이 경우에는 영업사원이 받는 인센티브가 그가 할인해준 액수에 반비

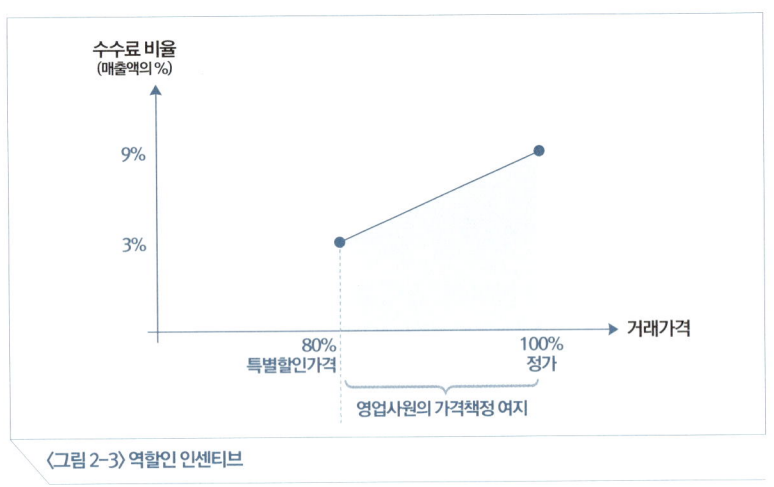

〈그림 2-3〉 역할인 인센티브

례한다. 즉 할인율이 높을수록 매출액 대비 수수료의 비율이 떨어진다. 이 제도를 도입한 어느 회사에서 역할인 인센티브는 매우 큰 효과를 발휘했다. 도입한 지 두 달 만에 평균할인률이 16퍼센트에서 14퍼센트로 떨어졌으며, 고객의 이탈도 매출 감소도 일어나지 않았던 것이다.

때로는 시장점유율 감소를 감수하라

소수의 경쟁사들이 치열하게 싸우는 시장에서 높은 시장점유율을 보유한 선도기업을 기존의 경쟁사나 새로운 경쟁사가 강하게 공격해오면, 그 선도기업은 어떻게 해야 할까? 지금까지 가장 흔한 대응책은 말할 것도 없이 값을 내려 시장을 지키는 것이었다. 그러나 정말 값을 내리는 것만이 능사일까? 다음의 사례를 보자.

뢰머(가명)는 특수도자기 시장의 75퍼센트를 차지하던 세계 선도기업이었다. 그런데 일본시장에서 큰 성공을 거둔 히까리(가명)라는 일본회사가 뢰머보다 무려 25퍼센트나 낮은 가격으로 미국시장에 들어왔다. 압도적인 시장 지위를 유지하고 싶었던 뢰머는 즉각 가격을 20퍼센트 낮추었다. 그러자 히까리는 가격 차이를 유지하기 위해 가격을 15퍼센트나 더 내렸다. 2년이 지나자 히까리는 미국시장의 3분의 1을 차지했고, 뢰머의 매출액지수는 원래의 10,000(=100×100)에서 5,360(=80×67)이 됨으로써 46.4퍼센트나 줄어들었다. 또한 가격이 떨어지면 그만큼 마진이 내려가므로, 이익은 훨씬 더 크게 줄어들었다.

그러면 뢰머는 어떻게 했어야만 할까? 얼마 후 이 물음에 대답할 기회가 왔다. 이번에는 히까리가 유럽시장을 공략하기로 했기 때문이다. 히까리는 여기서도 또 뢰머보다 25퍼센트 낮은 가격을 제시했다. 그러나 뢰머는 이번에는 가격을 내리지 않았다. 그 대신 이 회사는 판매와 서비스를 크게 강화하고, 제품의 혁신과 공정의 개선에 힘을 기울였다. 2년 후 히까리는 유럽에서도 시장의 3분의 1을 차지했고, 시장은 균형점에 도달했다. 즉, 두 회사의 시장점유율은 더 이상 크게 변하지 않았다. 히까리의 공격으로 뢰머의 매출액은 유럽시장에서도 크게 줄어들었다. 즉 매출액 지수가 10,000(=100×100)에서 6,700(=100×67)이 되었다. 그러나 이것은 미국에서의 5,360보다는 25퍼센트나 더 높은 수치였다.

대체로 자금이 풍부한 경쟁사가 강한 의지를 가지고 시장 선도기업을 공격할 때, 높은 시장점유율을 그대로 유지하려는 것은 비현실적일 뿐만 아니라 비용이 너무 많이 든다. 이럴 때는 어느 정도 고객을 잃을 각오를 해야 한다. 이 경우 선도기업의 가장 큰 관심사는 시장점유율이 어느 수준일 때 시장이 균형점에 도달하고, 또 그때까지 얼마나 시간이 걸리는가 하는 문제다. 즉, 가격을 내리지 않고도 지킬 수 있는 시장점유율이 몇 퍼센트냐 하는 것이다. 위의 사례에서 뢰머는 미국시장에서 쓰라린 경험을 통해 그것이 약 33퍼센트라는 것을 알았고, 그에 따라 지혜로운 결정을 내린 것이다. 대체로 이러한 상황에서는 경쟁사에게 시장의 일부분을 양보하고, 그 대신 이익을 어느 정도 유지해주는 수준의 가격을 지키는 것이 더 유리하다.

어떤 회사도 고객 없이는 살 수 없다. 그러나 궁극적으로 보아 이익을 모두 잃는 것보다는 차라리 일부 고객이 떠나가도록 하는 편이 더 낫다.

지나치게 고객의 환심을 사려고 하지 마라

우리는 언젠가 어느 마케팅 관리자가 다음과 같은 푸념을 하는 것을 들은 적이 있다.

"우리는 업계 최고의 고객 만족도를 기록하고 있습니다. 싼 가격으로 최상의 품질과 서비스를 제공하고 있거든요. 그런데도 왜 이익이 안 나는지 모르겠습니다."

사실 이유는 간단하다. 그가 고객들을 만족시키기 위해 그들에게 지나치게 많이 주고, 반면에 그들에게 준 것만큼 받아내지 못했기 때문이다. 이렇게 지나치게 고객의 환심을 사려는 공격적인 마케팅 행동은 이익을 파괴하게 마련이므로 기업은 이런 일을 하지

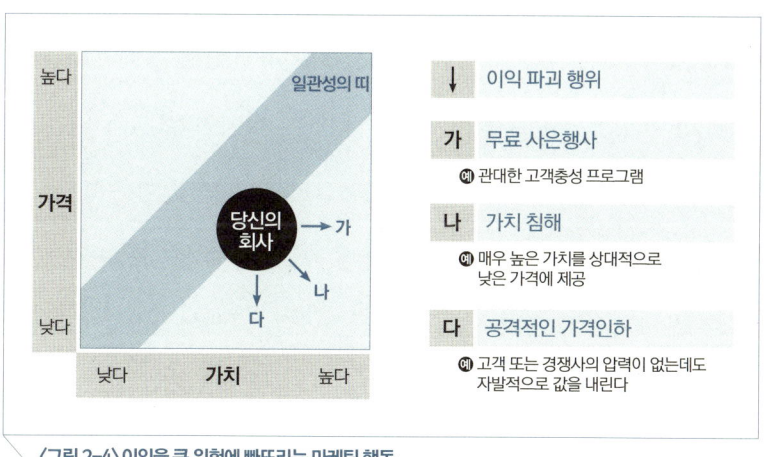

〈그림 2-4〉 이익을 큰 위험에 빠뜨리는 마케팅 행동

말아야 한다. 〈그림 2-4〉에서 보다시피 이익 파괴 행위는 크게 다음의 세 범주로 나눌 수 있다.

• 고객에 대한 무료 사은행사

이것은 고객에게 아무 대가 없이 그냥 물건을 나눠주는 것과 다름없다. 예를 들어, 좋은 의도로 기획된 고객충성 프로그램도 이런 함정에 빠질 수 있다. 문제는 고객이 이러한 무료 사은행사를 당연하게 여기고, 점점 더 많은 것을 요구할 때 일어난다. 기업이 서로 더 많은 사은품을 제공하고자 경쟁을 벌이면서 이익 파괴는 시작된다(〈그림 2-4〉의 화살표 '가').

대부분의 고객충성 프로그램은 고객에게 제품과 서비스를 더 제공하는 형태를 띠는데, 이것은 경쟁사가 쉽게 모방할 수 있다는 큰 단점이 있다. 그래서 처음에는 훌륭한 차별화를 가능하게 해준다고 생각되던 프로그램도 경쟁사가 이내 비슷하거나 더 나은 프로그램을 도입하면 금방 평범해지고 만다. 그러면 기업은 더 큰 혜택을 주는 충성 프로그램을 개발하게 되고, 경쟁사는 또 따라온다. 즉 이익 파괴의 악순환이 시작되는 것이다. 그래서 기업은 고객에게 독특한 이점을 줌으로써 지속적으로 차별화할 수 있을 때만 고객충성 프로그램을 도입하는 것이 좋다. 즉 경쟁사가 흉내 낼 수 없는 고객충성 프로그램만이 추천할 만하다.

이런 경우는 첫째, 제품 또는 서비스 자체가 충성 프로그램의 핵심을 이룰 때다. 할리-데이비슨 오토바이와 포르쉐 자동차가 여기에 속한다. 이들 제품을 애호하는 고객들은 해당 제품에 대한 애착이 대단하기 때문에 그들을 위한 충성 프로그램에 추가적으로 혜택을 더 담을 필요가 없다.

둘째, 충성 프로그램 그 자체가 정말로 독특한 이점을 제공해줄 때다. 독일의 국영철도회사 도이체반Deutsche Bahn의 철도카드Bahncard가 그 좋은 보기다. 고객이 이 카드를 255유로(2등칸) 또는 450유로(1등칸)에 사면, 그는 1년간 언제 어느 기차를 타든 50퍼센트의 할인을 받는다. 승객들은 카드를 산 다음에는 킬로미터당 가격이 정상 가격의 절반이라는 사실에만 주목한다.

그런데 이 가격은 자동차 연료비보다도 싸므로 많은 사람들이 자동차 대신 기차를 이용하게 되었다. 즉, 승객들은 마치 50퍼센트의 할인을 받았을 때처럼 행동했다. 그러나 그들은 이미 카드를 사기 위해 돈을 썼기 때문에 실제의 할인율은 약 30퍼센트 정도였다. 철도카드는 가격 혜택 외에 편리함과 융통성이라는 이점도 주는 그 자체가 차별화된 고객충성 프로그램이며, 이것은 독일에서 엄청난 성공을 거두었다.

• 가치 침해

가치 침해는 기업이 고객에게 점점 더 나은 품질을 제공하는데 그것에 걸맞은 값을 부과하지 못할 때 일어난다. 따라서 기업은 우선 자사 제품과 서비스가 어느 정도의 값어치가 있는지를 확실하게 파악해야 한다. 그렇지 않으면 제품이 개선되는 데도 손해를 볼 수 있다. 기업이 고객들에게 추가적으로 의미 있는 가치를 제공하는데 이를 제대로 반영하는 값을 받아내지 못하면, 그것은 이익파괴로 이어지게 마련이다(〈그림 2-4〉의 화살표 '나').

• 공격적인 가격인하

성숙한 시장에 있는 회사들은 원가나 품질 면에서 월등히 뛰어난 우위를 갖고 있지 않는 한 가격전쟁에서 결코 승리할 수 없다. 설사 그들이 가격전쟁에서 이긴다고 하더라도 판매량·시장점유율을 늘리기 위해 희생한 이익을 벌충할 수 있을지는 확실하지 않다. 대부분의 경우는 벌충하지 못한다. 그래서 기업은 가능하면 가격을 미리 내리지 말아야 한다(〈그림 2-4〉의 화살표 '다').

PART 3
제품 세계의 지각 변동을 주시하라

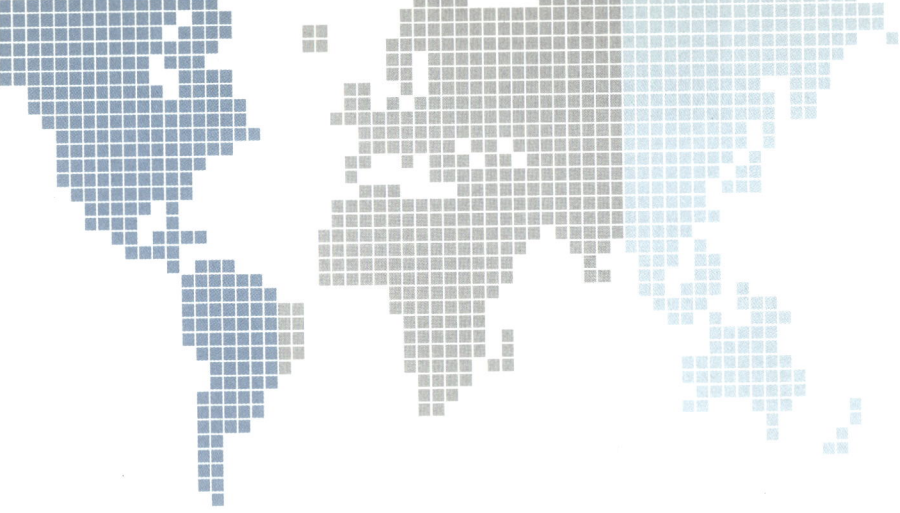

초저가시장과 초고가시장에 눈을 돌리자

■

　　　　　　요즈음 국내외의 많은 기업들이 어디를 둘러봐도 희망이 별로 안 보인다고 한숨짓고 있다. 유럽에서는 그리스로부터 시작된 경제 위기가 유럽 전체로 번지는 듯한 양상이고, 미국시장도 좀처럼 회복의 기미가 보이지 않는다. 또한 오랫동안 고속성장을 구가했던 중국과 인도의 경제도 최근 뚜렷이 성장세가 주춤해졌다. 이렇게 세계경제의 3대 축이라고 할 수 있는 미국·유럽·중국의 경제가 모두 불경기에 시달리니, 해외시장 의존도가 유난히 높은 우리나라의 경제성장률이 자꾸 떨어지고 있는 것은 오히려 당연한 일이다.

　　이렇게 세계의 주요시장이 동시다발적으로 불황에 빠져드는 듯

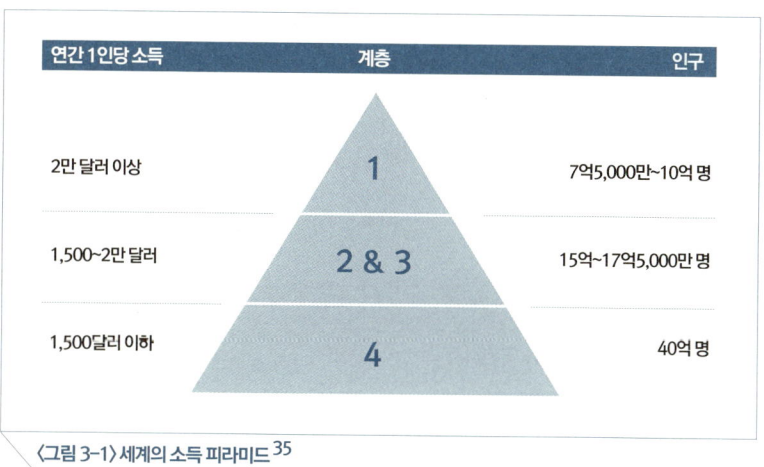

〈그림 3-1〉 세계의 소득 피라미드 35

한 이 시기에 우리는 한국 기업들이 그 동안 상대적으로 우리의 존재감이 무척 약했고 또한 미래의 전망도 매우 밝은 두 시장에 눈을 돌릴 것을 제창한다. 그것들은 이른바 초저가시장ultra low-price segment과 초고가시장ultra high-price segment이다. 한국기업들이 다른 가격대 시장에서 보여준 발군의 실력을 이 두 시장에서도 발휘할 수 있으면, 우리는 이것들이 우리의 미래의 성장동력이 될 수 있다고 본다. 그러면 먼저 초저가시장부터 살펴보자.

현재 세계 인구의 소득 분포 상황은 〈그림 3-1〉에서 보다시피 피라미드 형태다. 즉, 저소득층이 세계 인구의 압도적 다수를 차지한다. 이와 관련하여 미국의 경영학자 비제이 마하잔은 2006년에 출간한 저서 《86% 시장에 도전하라》[36]에서 초저가시장을 '21세기의 가장 커다란 시장 기회'라고 부르며 다음과 같이 말한 바 있다.

"인류의 86퍼센트는 연간 가계소득이 1만 달러 이하다."

이들이 자동차나 컴퓨터 같은 선진국 소비자들이 흔히 쓰는 제품들을 구매할 수 없음은 두 말할 나위도 없다. 그러나 중국이나 인도 같은 나라들이 급성장하면서 매년 수백만 명의 소비자들이 이 1만 달러 경계선을 뛰어넘고 있다. 바로 이런 고객들이 초저가 시장의 목표 집단이 되고 있는 것이다.

이와 비슷한 현상이 동유럽에도 나타나고 있다. 예를 들어, 프랑스의 자동차회사 르노Renault는 루마니아에서 생산한 저가자동차 다시아 로건Dacia Logan으로 큰 성공을 거두었다. 이 차의 가격은 7,200유로부터 시작하는데, 르노는 2005년 6월에 이 차를 내놓은 후 100만 대 이상을 팔았다. 유럽에서는 이 모델과 비교할 만한 승용차라고 할 수 있는 폭스바겐 골프Golf의 가격은 다시아 로건의 갑절이다. 개발도상국에서 초저가 자동차는 그 값이 다시아 로간보다 훨씬 싸다. 인도의 대기업 타타가 2009년에 내놓은 소형차 나노의 가격은 2,000달러 정도다.

이렇게 엄청나게 싼 초저가 소형차시장은 자동차시장 전체 성장세보다 갑절이나 빨리 성장하고 있으며, 2015년에는 매년 2,700만 대 정도가 팔릴 것으로 예상된다. 그래서 자동차회사들과 자동차 부품회사들은 이 초저가시장을 결코 무시할 수 없다. 이미 독일의 보쉬가 제공하는 부품과 기술은 나노의 가치의 10퍼센트를 차지한다.

일본의 혼다Honda는 베트남 오토바이시장에서 초저가 중국산 오토바이들을 멋지게 물리친 바 있다. 1990년대에 혼다는 베트남의 오토바이시장에서 시장점유율 90퍼센트를 차지했다. 이 회사의 주력 모델 드림Dream의 값은 2,100달러였다. 그런데 중국회사들이 초저가 제품을 내세워 베트남시장에 들어왔다. 그들이 파는 모델들의 값은 550~700달러, 즉 혼다 제품 가격의 1/4에서 1/3에 지나지 않았다. 이러한 저가 공세로 중국회사들은 2000년에 무려 100만 대를 팔았고, 혼다의 판매량은 17만 대로 뚝 떨어졌다. 웬만한 회사들 같으면 이쯤 되면 손을 털고 나가거나, 고가시장에만 집중했을 것이다. 그러나 혼다는 그렇게 하지 않았다. 단기적인 대응책으로 혼다는 우선 드림의 가격을 2,100달러에서 1,300달러로 낮추었다. 이 가격도 중국제품 가격의 갑절이므로 장기적으로 지탱할 수 없음은 자명했다.

그래서 혼다는 과감한 재포지셔닝repositioning을 단행했고, 아주 단순화되었으면서도 상당한 원가경쟁력이 있는 새 모델을 개발했다.[37] 새 저가모델은 매우 싼 제조원가와 받아들일 만한 품질을 결합한 것이었다. 혼다는 이 새 모델을 2002년 1월 19일부터 732달러에 팔았으며, 베트남시장을 되찾는 데 성공했다. 그 이듬해부터 대부분의 중국회사들은 베트남에서 철수했다.

이 사례는 혼다 같은 기존의 고가회사도 중국의 초저가회사들과 겨룰 수 있음을 보여준다. 물론 종래의 제품들만 갖고 그렇게 할 수는 없다. 단호한 전략의 재정립, 제품의 과감한 단순화, 현지생산, 극도의 원가절감 노력 등이 필요하다.

초저가 포지셔닝은 이제 여러 시장에서 나타난다. 미국 MIT미디어연구소의 니콜라스 네그로폰테 Nicholas Negroponte 소장이 주장한 '100달러짜리 PC OLPC; One Laptop Per Child' 아이디어는 이제 전 세계에 널리 알려졌다. 마이크로소프트는 2008년 이 운동에 동참했으며, 인텔은 '클래스메이트 Classmate'라고 이름 붙인 초저가 랩탑을 내놓기도 했다. PC 값이 100달러 선으로 떨어진다면 수억 명, 아니 수십억 명의 새 고객들이 PC를 손에 넣을 수 있을 것이다. 또한 나노기술 nano technology이 발달하면서 많은 제품들(의약품, 바이오기술, 의료기술, 로봇 등)의 제조원가와 가격이 비약적으로 떨어질 것으로 기대된다.[38] 지금 가격이 아주 낮게 책정된 듯한 제품들의 값이 몇 년 후에는 정상가격으로 될지도 모른다.

전자제품 분야에서는 컴퓨터의 기능이 2년마다 2배로 증가한다

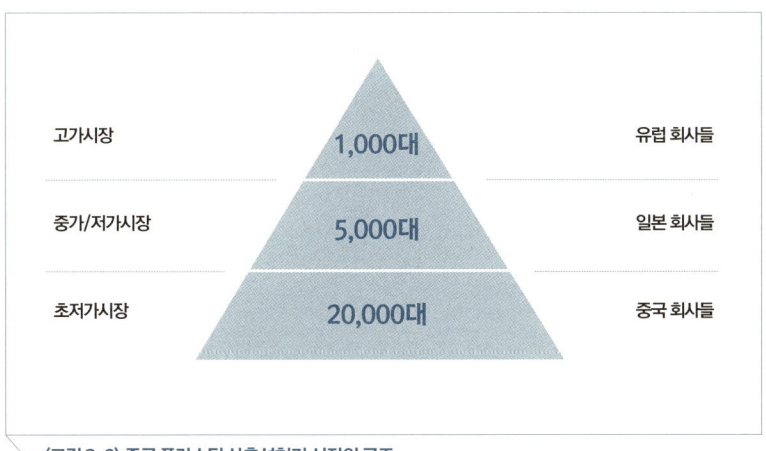

〈그림 3-2〉 중국 플라스틱 사출성형기 시장의 구조

는 무어의 법칙 Moore's Law 으로 설명되는 원가하락 현상이 지속되면서 이런 경향이 벌써 몇 십 년 전부터 중단 없이 계속되고 있다. 그뿐만 아니라 최근에는 35달러짜리 태블릿 컴퓨터, 1달러짜리 운동화 등이 나타나고 있으며, 인도에는 40원밖에 안 하는 1회용 샴푸도 있다. 이 정도 금액이라면 소득이 아주 낮은 인도 소비자들도 가끔 구매할 수 있을 것이다. 그러나 초저가는 소비재에 국한되지 않는다. 그것은 산업재 시장에서도 보인다. 중국의 플라스틱 사출성형기 시장이 그 전형적인 보기다.

〈그림 3-2〉에서 보다시피 이 시장의 고가 포지션은 유럽회사들이 차지하고 있다. 그들의 연간 판매량은 약 1,000대다. 중·저가 시장은 일본회사들이 지배하고 있는데, 그들은 매년 약 5,000대를

판다. 초저가시장에서는 중국회사들이 맹활약하고 있는데, 그것의 규모는 2만 대 정도다. 시장구조가 이렇다면 초저가시장을 무시한다든가 고가시장에만 머무르는 것은 장기적으로 보아 현실적인 대안이 아니다. 판매 대수만 본다면 고가시장은 전체 시장의 4퍼센트에 지나지 않는다. 또한 저가경쟁사들이 그런대로 쓸 만한 품질의 제품을 현격하게 낮은 가격으로 파는 전략으로 공격할 가능성이 있다.

그렇다면 이런 경우에는 유럽회사들도 저가시장과 초저가시장에 진출하는 방안을 진지하게 고려해 보아야 할 것이다. 이것은 중국에서 또는 현지 국가에서 직접 생산해야 한다는 것을 뜻한다. 일반적으로 말해서, 고가 또는 중가회사들의 관점에서는 저가 또는 초저가시장을 저임금국가에서 온 경쟁사들에게 내주는 정책은 상당히 위험할 수 있다. 그들에게 가장 효과적인 방어 전략은 흔히 더 낮은 가격대의 세분시장에서도 경쟁력을 갖추는 것이다.

또 우리는 현재 주로 개발도상국에서 인기를 모으고 있는 초저가제품들이 궁극적으로는 선진국에도 진출할 것이라고 생각한다. 소비자들이 받아들일 만한 수준의 기능을 갖고 있는 제품을 극도로 싼 원가로 만들고 아주 싼 값에 파는 전략은 언제나 승산이 있기 때문이다. 사실은 이런 일은 이미 일어나고 있다. 독일의 지멘스는 중국에서 팔기 위하여 단순화되고 매우 싼 병원용 검사기구를 개발한 바 있다. 이 제품은 이제 미국 시장에서도 잘 팔린다. 그런데 이것이 미국에서 지멘스의 훨씬 더 비싼 대형 검사기구의 판매를 잠식하고 있는 것은 아니다. 대형 기구는 주로 큰 병원이나 방사선 전문병원에서 쓰이는 데 반하여, 이 저가제품은 새로운 세분시장에서 필요로 하기 때문이다. 즉 간단한 진단을 스스로 할 수 있게 된 작은 병원과 개업의사들이 이 제품으로 지멘스가 새로 발굴한 신규시장이었던 것이다. 인도의 타타도 유럽과 미국시장을 겨냥한 나노의 여러 변종을 만들고 있다.

이러한 사례가 앞으로 더 많아질 것이라고 우리가 가정한다면, 초저가시장의 크기는 더 커지고 전망은 더 밝아진다. 그러면 한국 기업들이 초저가시장에서 성공하려면 어떤 전략을 써야 할까? 우리 기업들의 전략은 크게 다음의 네 요소로 구성되어야 한다.

- 현지에서의 연구개발(현지에 맞는 제품이 개발되어야 한다)
- 저가 협력회사들의 인수
- 낮은 가격과 높은 제조기술의 결합
- 두 상표 또는 다상표 전략(상위 가격대의 시장들이 영향을 받지 않도록 복수의 브랜드로 각 시장을 서로 분리할 필요가 있다)

지금까지 서술한 초저가시장 못지않게 우리 기업들이 눈을 돌려야 하는 분야가 바로 초고가시장, 이른바 명품시장 luxury segment 이다. 그 까닭은 크게 두 가지다.

첫째, 명품시장은 현재 전 세계에서 가장 빨리 성장하는 세분시장이다. 둘째, 기업이 명품시장에서 건질 수 있는 부가가치는 다른 시장과는 비교할 수 없을 정도로 크다. 예를 들어 피아제 Piaget 같은 스위스 명품시계가 세계시장에서 차지하는 점유율은 물량 면에서 2퍼센트에 불과하다. 그러나 매출액을 보면 세계시장 점유율은 무려 75퍼센트다. 〈표 3-1〉은 이러한 명품들의 부가가치가 얼마나 큰지 몇 개의 예로 보여주고 있다.

명품시장은 최근 들어 매우 빨리 성장하고 있으며, 이 분야의 회사들은 높은 수익률을 자랑한다. LVMH나 리치몬트 Richemont 같은 이 시장의 대표적인 기업들은 연간 성장률이 약 15퍼센트이며, 세전 영업이익률은 20퍼센트 이상이다. 이러한 높은 성장률에도 불구하고 명품시장은 여전히 틈새시장이다. 그러나 아주 실속 있는 틈새시장인 것이다.

그런데 〈그림 3-3〉에서 보다시피 이 시장에서는 구미의 기업들 특히 이탈리아, 스위스, 프랑스에 기반을 둔 유럽기업들이 절대 강세다. 최근의 경제 침체로 인해 명품시장도 타격을 받고는 있지만

고가제품	명품
롤렉스(Oyster Perpetual Milgauss) 7,150달러(약 803만 원)	A. Lange & Söhne (Lange 1 Tourbillion Platin) 11만 달러(약 1억 3,000만 원)
메르세데스-벤츠 S500 17만 6,800달러(약 2억 원)	마이바흐 57S 41만 5,000달러(약 4억 7,000만 원)
Le Meridien Dubai (President Suite) 2,000달러(약 220만 원)	신라호텔(Presidential Suite) 1만 685달러(약 1,200만 원)

〈표 3-1〉 고가제품과 명품의 가격 비교

전망은 여전히 밝으며, 특히 아시아에서 수요가 많이 늘어날 것으로 생각된다. 예를 들어, 최고급자동차를 살 만한 시장을 100만 달러 이상의 유동자산을 보유한 부유층이라고 정의하자. 2009년에 중국에는 그런 백만장자가 47만 7,000명이 있었다. 같은 시기에 그런 백만장자들이 미국에 290만 명, 일본에 165만 명, 독일에 86만 명이 있었으니 이것은 상대적으로 적은 숫자다. 그러나 중국에서는 백만장자들 가운데 20.6퍼센트가 페라리Ferrari, 벤틀리Bentley, 마이바흐Maybach 같은 최고급자동차를 산다. 그 숫자가 미국에서는 불과 7.8퍼센트이고 독일에서는 15.7퍼센트다. 그뿐만 아니라 중국의 백만장자의 수는 2015년까지 갑절이 될 것으로 예상된다. 따라서 신흥 개발도상국에서 명품시장의 장래는 무척 밝다.

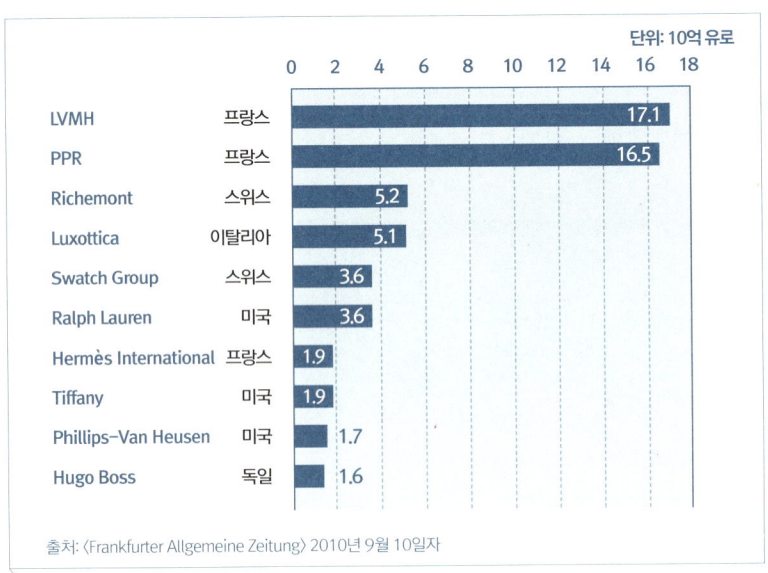

〈그림 3-3〉 주요 명품 제조사들의 2009년 매출액

그러면 이러한 초고가시장에 진출하려는 한국기업들이 유념해야 할 사항은 무엇인가?

첫째, 무엇보다도 아주 훌륭한 제품을 만들 수 있어야 한다. 대부분의 명품은 아직도 직접 손으로 만들고, 생산의 대부분을 회사 안에서 한다. 예를 들어, 에르메스Hermès는 소를 직접 사육하며 자체 봉제시설을 운영하고 있다.

둘째, 매우 비싼 가격을 유지하되 그렇게 하기 위하여 생산량을 제한해야 한다. 즉 명품시장에서는 공급회사가 시장 상황의 정확한 이해를 바탕으로 가격과 물량을 동시에 둘 다 정해야 한다. 따라서 많은 경우 수요가 늘어났다고 해서 생산량을 늘리면 안 된다.

셋째, 극도로 엄선된 극소수의 업자들만이 한 나라에서 명품을 취급해야 하며 유통과 관련한 모든 면이 최고 수준이어야 한다. 예를 들어, 일본에서 최고급 명품시계 랑에 운트 죄네 A. Lange & Söhne 를 구할 수 있는 점포는 일본 전체에 17개밖에 없다고 한다. 한마디로 말해, 초고가시장에서 성공하는 관건은 최고 수준의 제품과 극도로 세련된 마케팅·브랜드 정책이다.

명품시장은 성장률과 수익률이 모두 높으므로 참으로 매력적이다. 그러나 이 시장에 진출하여 성공하는 것은 결코 수월하지 않다. 초고가시장에서는 아직 프랑스, 이탈리아, 스위스 기업들이 막강한 영향력을 행사하고 있다. 우리나라 기업들이 그 동안 해외에서 쌓아 올린 많은 경험과 노하우, 우리의 역사와 문화가 제공해 줄 수 있는 무한한 콘텐츠, 그리고 우리 국민의 뛰어난 손재주를 생각하면 우리 기업들도 언젠가는 이 시장에서 두각을 나타낼 것이라고 우리는 믿는다.

돈보다
머리로 혁신하라

지난 10여 년 간 세계시장을 선도한 히든 챔피언들은 자신들의 시장지배력을 대폭 향상시켰다. 한 회사의 경쟁력을 나타내는 가장 변별력 있는 척도는 이른바 '상대적 시장점유율'인데, 이것은 우리 회사의 시장점유율을 가장 강한 경쟁사의 시장점유율로 나눈 숫자다. 따라서 시장선도회사만이 상대적 시장점유율이 1보다 크다. 히든 챔피언들의 경우, 10년 전에는 이것의 평균값이 1.56였다. 즉 그들은 가장 강한 경쟁사보다 평균 56퍼센트 더 규모가 컸다. 그러던 것이 이제는 이것이 무려 2.34가 되었다. 그들의 시장지배력이 믿을 수 없을 정도로 커진 것이다. 무엇이 이러한 놀라운 성과를 가져온 것일까? 그 대답은 바로 혁신이다.

대중이 눈치 못 채는 사이에 히든 챔피언들은 혁신으로 시장에 크나큰 변화를 주고 있다. 아래의 사례들을 보자.

- 젠하이저 Sehnheiser 는 뛰어난 혁신으로 고성능 마이크 시장에서 미국의 경쟁사를 밀어내고 세계 제일의 위치를 차지했다.
- 칼 자이스 SMT Carl Zeiss SMT 는 칩 chip 공장에 석판렌즈를 공급하고 있으며, 2006년부터 석판 시스템 분야에서는 세계에서 가장 현대적인 공장을 운영하고 있다. 네덜란드의 반도체 장비회사인 ASML의 기계에 칼 자이스 제품이 장착되는데, 칼 자이스는 그들이 이룩한 혁신을 바탕으로 ASML과 함께 최근에 세계시장 점유율 55퍼센트를 달성한 바 있다. 일본의 니콘 Nikon 은 1990년대에 확실한 시장선도기업이었는데, 이제 이 회사의 세계시장 점유율은 15퍼센트에 지나지 않는다.
- 풍력에너지 생산 분야의 확실한 기술선도회사인 에네르콘은 전 세계의 관련특허 가운데 40퍼센트 이상을 갖고 있다.

어떻게 이런 일이 가능할까? 혁신은 어떻게 이루어지는가? 히든 챔피언들은 대기업과 무엇을 어떻게 다르게 하는가? 이러한 문제에 관해 우리가 알고 있는 내용을 정리하면 대체로 다음과 같다.

- 대기업들은 문제를 풀기 위해 예산을 퍼붓는 경향이 있는데 반해, 히든 챔피언들은 연구개발을 두뇌의 문제로 본다. 즉 돈보다는 투입되는 인력의 수준이 더 중요하다는 것이다. 특허를 많이 출원하는 독일의 대기업들은 특허 하나 내는데 평균 270만 유로를 쓰는데, 히든 챔피언들은 그 액수가 52만9,000유로다. 즉 대기업의 1/5도 안 된다. 그렇다고 해서 대기업의 특허들이 더 값어치 있는 것들이냐 하면, 결코 그렇지 않다는 연구결과가 나와 있다.[39]
- 대기업들은 직원 1,000명당 특허출원 건수가 5.8개인데, 히든 챔피언들은 30.6개였다. 즉 대기업보다 1인당 특허 비율이 5.3배 높은 것이다.
- 히든 챔피언들의 최고경영자들은 훨씬 더 적극적으로 혁신 활동에 관여하고 자극을 주는 사람으로서 혁신에 지대한 공헌을 한다. 연구개발의 최고책임자가 최고경영자인 경우도 흔하다. 히든 챔피언 기업에서는 거의 예외 없이 특허 관련 업무가 기업의 최상층부의 소관인데 반하여, 대기업에는 그런 사례가 전혀 없다시피 하다.
- 혁신이 성공하기 위해서는 연구개발 부서가 다른 부서들과 잘

협조하는 것이 아주 중요하다. 히든 챔피언에서는 이러한 부서들 사이의 협조가 대기업들에 비해 더 잘 이루어지고 있다. 각 기능 부서들의 이런 원활한 공동작업은 또한 **훨씬 더 짧은 개발시간**이라는 중요한 부수효과를 낳는다.

- 히든 챔피언들은 커다란 획기적인 혁신보다는 꾸준히 조금씩 개선해나가는 일에 힘을 더 기울이고 있다. 그래서 쇼핑카트 시장의 선두기업인 반츨Wanzl은 '지속적인 혁신의 역사'라는 표현을 쓰기도 한다. 혁명적인 혁신은 이 분야에서는 극히 예외적인 현상이기 때문이다. 고급 가전제품을 생산하는 밀레Miele의 좌우명은 '항상 더 낫게Immer besser'다. 이 슬로건은 전 세계의 모든 시장에서 절대적으로 최고의 제품을 제공한다는 이 회사의 정책과 잘 어울린다고 하겠다. 밀레는 끊임없이 많은 작은 개선을 이룩하고 있기 때문에 이 회사의 제품들은 사람들이 '완벽하다'라고 표현하는 상태에 더 가까이 다가가고 있다.

혁신은 순수한 돈의 문제라기보다는 올바른 두뇌, 리더십, 그리고 과정의 문제다. 세계시장을 이끄는 히든 챔피언들은 매일 다음 사실을 증명하고 있다.

"돈보다 머리가 더 중요합니다."

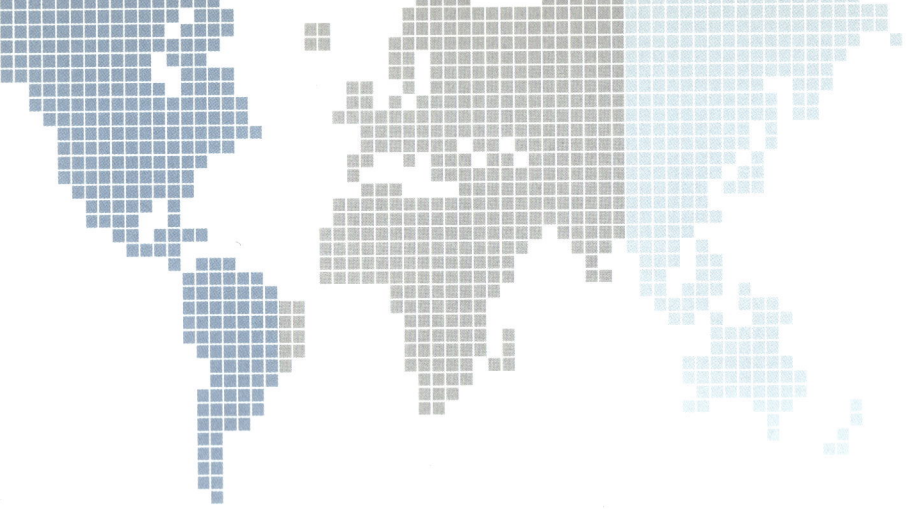

자동화가
노동환경과 소비환경을 바꾼다

우리는 산업화 시대의 전환점 앞에 서있다. 인터넷이 지난 10년간 우리의 노동환경과 소비환경을 크게 변화시켰던 만큼 자동화는 앞으로 10~20년 안에 우리의 노동환경과 소비환경을 크게 바꿀 것임에 틀림없다. 요즘 일본의 대기업을 방문하면 로봇이 손님을 맞이하고 응접실로 안내해준다. 로봇은 방문객을 엘리베이터 타는 곳으로 데려가고 예의바르게 허리를 굽히면서 작별 인사를 한다. 유럽에서는 잔디깎는 로봇도 등장했다. 이 로봇은 주인의 지시에 따라 정확히 임무를 수행하며 투덜대거나 파업을 하지 않고, 꾀병을 부리지도 않는다. 이러한 로봇들은 앞으로 자동화 분야가 비약적으로 발전할 것이라는 사실을 시사한다.

로봇 공학의 아버지로 불리는 조셉 엥겔버거 Joseph F. Engelburger의 회사 유니메이션 Unimation은 이미 1962년에 세계 최초의 산업용 로봇을 제너럴 모터스에 설치했다. 그는 1980년대에 공장, 가정, 병원, 서비스업소 등에서 로봇이 광범위하게 쓰일 것이라고 예측한 바 있다. 그러나 이제 와서야 겨우 그러한 조짐이 조금씩 나타나고 있을 뿐이다.

그 까닭은 무엇일까? 그 대답은 용량과 복잡성이다. 인류가 고도로 발달된 로봇이 필요로 하는 컴퓨터 용량을 감당할 만한 원가로 확보하게 된 것은 비교적 최근 들어서의 일이다. 1980년과 비교할 때 오늘날 달러당 컴퓨터 용량은 약 200만 배고, 원가는 당시의 10억 분의 1 이하다. 레이 커즈와일 Ray Kurzweil이 쓴 재미있는 책을 보면 이런 추세가 계속됐을 때 세상이 어떻게 변할 것인지에 관한 흥미진진한 예측들이 많이 들어 있다.[40] 그는 1986년에 컴퓨터가 1998년에는 체스 세계챔피언을 꺾을 것이라고 예언한 바 있다. 그러나 그의 예언은 맞지 않았다. 이미 1997년에 IBM이 만든 '딥 블루 Deep Blue'가 세계챔피언 게리 카스파로프 Gary Kasparov를 이겼기 때문이다.

커즈와일에 따르면 컴퓨터는 2045년경에 인간의 두뇌 능력을 갖출 것이라고 한다. 우리가 그런 방향으로 가고 있는 듯하기는 하다. 오늘날의 스마트폰은 1969년 당시의 아폴로 우주선보다 컴퓨터 용량이 더 많다. 최신 자동차 모델은 20년 전의 전투기보다 더 많은 계산 및 센서 능력을 갖고 있다. 그러나 컴퓨터는 자동화의 일부분에 지나지 않는다. 센서공학과 기계공학도 컴퓨터 못지않게 중요하다. 로봇은 보고, 듣고, 냄새를 맡고, 만지고, 맛볼 수 있어야 한다. 이러한 분야에서도 그동안 많은 발전이 있었다. 끝으로 컴퓨터의 정보를 취급하고 조작하려면 기계공학, 기계전자공학, 수력학, 기체역학 등의 도움이 필요하다. 이러한 모든 분야를 서로 연결하는 것은 지극히 복잡한 일이며, 따라서 아주 긴 개발시간을 요한다.

그렇지만 이미 여러 분야에서 점점 더 많은 성과가 나타나고 있다. 예를 들어, 독일의 클라스가 개발한 최신 (수확·탈곡 겸용) 복식 수확기는 GPS에 의해 센티미터 단위의 정확도로 조종된다. 운전자는 그저 감시만 하면 된다. 이 기계는 인구 35만의 한 도시가 하루에 소비하는 양만큼의 곡식을 불과 한 시간 동안에 수확할 수 있다.

세계 최고의 생선 처리장비 회사 바더Baader는 세계 최대의 '연어 살코기를 발라내는 시설'을 세운 바 있는데, 이곳에서는 각 층마다 1만9,000개의 생선 조각filet을 생산한다. 사람이 하는 일은 그

시설에 생선을 채워넣는 것뿐이고, 나머지 모든 공정은 완전 자동화되어 있다. 그렇다면 각 생선 조각마다 모양이 달라지지 않을까 하는 우려가 있을 수 있지만, 실은 전혀 문제가 없다. 왜냐하면 처리 과정에서 각 생선의 가장자리가 정확히 절단되고, 껍질이 0.1밀리미터만 깎이기 때문이다. 이에 관해 이 회사의 경영자 하이코 후리쉬 Heiko Frisch 는 다음과 같이 말한다.

"우리 회사의 새 기계는 최고의 솜씨로 (살코기를) 발라내는 사람보다 훨씬 더 정확하게 절단 작업을 합니다."

로봇은 또한 아주 정밀한 색채 분석을 바탕으로 각 생선 조각이 나중에 어떻게 쓰여야 한다는 것까지 확정해준다. 이러한 색채 분석을 위해 각 생선 조각은 모두 사진 촬영된다. 로봇은 또 외과 수술 분야에서도 아주 인상적이면서도 의미 있게 활용되고 있다. 어떤 의사도 정밀도에 관한 한 로봇을 따라갈 수 없다. 그뿐만 아니라 로봇은 짜증을 내는 적이 없고 컨디션이 안 좋은 날도 없다.

이러한 여러 종류의 로봇은 앞으로 우리의 삶에 큰 변화를 줄 것이다. 자동화는 벌써 몇 년 전부터 에너지 효율과 함께 하노버 산업박람회 Hannover Messe 의 주요 테마의 하나이고 앞으로도 그럴 것이다. 의료, 가정, 서비스(승차권은 이제 주로 자동판매기와 컴퓨터를 통해 판매되고 있다), 개발과 생산의 통합[41] 등 매우 다양한 영역에서 자동화는 힘을 발휘하고 있다.

작업환경과 제품 세계도 크게 달라질 것이다. 교육훈련을 많이 못 받은 근로자들은 일자리를 잃을 것이지만, 반면에 관련 제품과 인력에 대한 수요가 저임금국가들로부터 올 것이다. 또한 로봇을 만들고, 프로그래밍하고, 관리·정비하는 사람들에 대한 요구 사항들은 점점 더 늘어날 것이다. 한국기업들은 이제 본격적으로 이러한 시대에 대비하고 더 적극적으로 자동화에 나서야 한다.

예외적으로
좋은 서비스를 제공하라

해외에서 인천공항을 통해 한국에 입국하는 외국인들은 한결같이 인천공항의 깨끗함과 빠르고 친절한 서비스에 놀라곤 한다. 해외여행을 갔다가 귀국하는 우리 한국인은 자연히 외국의 공항에서 그들이 겪은 것과 인천공항의 서비스를 비교하게 되며, 우리나라의 뛰어난 공항 서비스에 감동을 받는다. 인천공항은 세계 공항 서비스 평가에서 8년 연속 1위를 차지하고 있다.

중국이나 러시아 등 해외에서 오는 의료 관광객은 우리나라의 싸고 수준 높은 의료서비스를 무척 좋아한다. 특히 우리나라의 성형수술·건강검진·치과 등의 서비스는 상당한 국제 경쟁력이 있다. 그뿐인가. 한국에 사는 외국인, 그리고 해외에서 살다 들어온 한국인은 우리나라의 인터넷 서비스·택배·퀵서비스·배달 서비스 등에 놀라곤 한다. 한국에서 살다가 외국에 나가서 살아보면, 우리나라만큼 실생활과 직결되는 이러한 서비스들이 빠르고 쉽게 그리고 싸게 제공되는 나라가 없다는 것을 알게 된다. 날이 갈수록 제품 자체는 서로 비슷해지고 그래서 차별화하기 힘들어지는 오늘날, 위에서 언급한 바와 같은 뛰어난 서비스는 기업의 믿음직한 경쟁우위가 될 수 있다.

그러면 먼저 현대 기업경영에 있어서 차별화된 서비스의 전략적 의미를 생각해보자. 어느 기업이든지 치열한 경쟁의 세계에서 살아남고 지속적으로 성장할 수 있으려면 반드시 뚜렷한 전략적 경쟁우위strategic competitive advantage가 있어야 한다. 그리고 전략적 경쟁우위는 다음의 세 요건을 갖추어야 한다.

- 고객이 중요하다고 생각하는 부문에서 강해야 한다.
- 기업이 갖추고 있는 우위를 고객이 실제로 인지해야 한다.
- 경쟁사가 쉽게 따라잡을 수 없는 부문에서 강해야 한다.

차별화된 높은 수준의 서비스는 특히 다른 회사들이 적어도 짧은 시간 내에는 흉내 내기 힘들기 때문에 전략적 경쟁우위가 될 수 있다. 1969년 가전제품을 조립 생산하면서 전자산업에 진입한 삼성전자가 당시의 선발기업이었던 금성사(현재의 LG전자)를 따라잡기 위해 채택한 전략의 하나가 바로 '판매 후 서비스after-sales service'였다. 즉 삼성제품을 구입한 고객이 제품에 문제가 있다고 연락하면 곧바로 수리해주는 당시로서는 획기적인 서비스였다.

오늘날 우리나라 전자회사들의 수선·수리 서비스는 가히 세계적인 수준이다. 언제 어디서든지 삼성 제품이나 LG 제품이 고장 났다고 서비스센터에 전화하면 고객은 즉각 완벽한 서비스를 받는다. 그러나 우리나라 고객은 이제 이 정도의 신속성·신뢰성·서비스 담당자의 책임의식 등은 이미 당연한 것으로 여길 정도로 눈높이가 높아졌다.

그러면 이렇게 고객들의 서비스 기대 수준이 높은 상황에서는 기업이 어떻게 서비스를 전략적 무기로 만들 수 있을까? 우리는 첫째, 역량·외관·친절·신속이라는 서비스의 기본에 더욱더 충실을 기할 것과 둘째, 비상사태 대처 능력의 향상을 강력히 권한다.

서비스의 기본에 더 충실하라

• 역량: 우리나라 기업들이 수출하는 제품이 더욱 복잡하고 정교

해질수록 서비스 담당 직원의 역할이 더 중요해진다. 많은 나라에서 실력 있는 서비스 직원은 아직도 많이 모자란다. 그래서 우리가 수출하는 제품들을 능수능란하게 다룰 수 있도록 직원들을 지속적으로 철저히 교육해야 한다. 특히 개발도상국 또는 신규시장의 경우에는 제품의 품질보다는 서비스가 좋지 않다는 불평이 더 많이 들린다는 사실을 우리 기업들은 알아야 할 것이다.

- 외관: 점점 더 많은 회사들이 통일되고 일관된 기업 이미지를 투사하기 위하여 직원들로 하여금 제복을 입게 하고 있다. 특히 고객들의 관점에서는 서비스 담당 직원들의 외관이 그대로 기업의 정체성 corporate identity 을 반영하며, 따라서 그것이 고객들의 충성심에 적지 않은 영향을 미친다. 그래서 최근에 해외의 어느 통신판매회사는 거래하는 택배회사를 바꾼 바 있다. 그것은 이전 회사 배달원들의 복장이 일정하지가 않았고 때로는 단정하지도 않았기 때문이다. 택배회사를 바꾸는 바람에 배달 비용은 더 들게 되었지만 이 회사는 그것을 기꺼이 감수했다.

- 친절: 우리가 삼성에버랜드 같은 놀이동산, 대한항공 같은 항공회사의 비행기 안에서 직접 경험하는 직원의 친절은 정말 상당한 수준이다. 그러나 물론 모든 회사가 다 그런 것은 아니다. 직

원들의 친절에 관한 한, 우리는 다음의 두 격언이 딱 들어맞는다고 생각한다.

"윗물이 맑아야 아랫물이 맑다."

"대접을 받아본 사람만이 남을 대접할 줄 안다."

즉 최고경영자를 비롯한 고위임원들이 내부고객인 직원들을 진정으로 친절하게 대하는 기업문화가 정착되어야 한다. 친절을 베푸는 데는 돈이 들지 않는다. 그러나 그것은 당신의 회사와 당신 자신에게 많은 혜택을 가져다 줄 수 있다.

- 신속: 빠른 서비스만큼 고객에게 큰 감동을 안겨주는 것도 드물다. 그러나 서비스를 빨리 제공하려다 보면 일상적인 절차와 충돌할 수 있다. 이러한 잠재적 충돌에 대한 우리의 생각을 우리는 이어서 '예외적인 서비스의 제공'을 논의하며 밝히기로 한다.

일상적인 절차와 훈련만으로는 부족하다

무엇이 '정말로 빼어난 서비스'일까? 먼저 아래의 사례들을 보자.

- 2013년 7월 6일 미국 샌프란시스코 공항에 착륙하려던 아시아나항공 OZ214 편이 사고가 나서 승객 3명이 숨지고 100여

명이 부상을 입었다. 이때 이 비행기의 여자 승무원들은 목숨을 건 승객 구조로 현지 언론으로부터 '영웅'이라는 찬사를 들었다.

- 플라스틱 볼 베어링 분야의 세계적인 회사 IGUS는 아주 독특한 서비스 정책을 시행한다. 그것은 "임원의 허가 없이는 절대로 고객에게 '아니오'라고 하지 말라"는 것이다. 예를 들어, 어느 고객이 이 회사에 전화를 걸어 한 제품을 사흘 내에 갖고 싶다고 말한다. 현재의 생산계획으로는 그것은 불가능하다. 그러나 이 직원은 먼저 담당 임원과 상의해야 하고, 그의 허락이 떨어져야만 고객의 요청을 거절할 수 있다. IGUS의 회장 프랑크 블라제Frank Blase에 따르면, 이러한 경우의 약 80퍼센트 정도는 해결책을 마련할 수 있었다고 한다. 아마도 실무자가 스스로 해결책을 강구하느라 상관에게 보고되지 않은 비슷한 문제도 적지 않았을 것으로 생각된다.

- 유럽의 어느 경영학자가 스페인의 바르셀로나에서 강연을 하기로 되어 있었는데, 그의 고객 한 사람이 그날 배포하기 위해 그 학자의 저서 100권을 5일 이내에 확보하고 싶어 했다. 이 학자는 뉴욕에 있는 해당 출판사에 전화했으나, 담당자는 그렇게 급히 할 수는 없다고 대답한다. 그래서 이 학자는 그 출판사의 고

위 경영자에게 연락을 했다. 그랬더니 즉각 가능하다는 회신이 왔다고 한다. 그 후 책이 제시간에 바르셀로나에 도착한 것은 말할 것도 없다.

- 우리가 일본에 갔을 때 만나는 서비스 종사자들의 친절은 참으로 훌륭하다. 그러나 우리가 특별한 또는 예외적인 요청을 하는 순간, 시스템 전체가 무너진다. 이것은 **고객이 아닌 '일상적인 절차** routine process'가 서비스 제공 시스템의 중심에 있다는 증거라고 하지 않을 수 없다. 2011년 3월 11일 후쿠시마 원자력발전소 사고가 일어났을 때도 이러한 '일상적인 절차'에 익숙한 일본인은 순발력을 잘 발휘하지 못한 듯하다. 이렇게 일상적인 절차에 얽매여 있는 서비스를 좋은 서비스라고 부르기는 힘들 것이다.

이상에서 보았다시피 '정말로 빼어난 서비스'는 일상적인 절차에 의해 모든 것이 원활하게 진행될 때 나오는 것이 아니고, 예외적인 비상사태가 일어났을 때 창출되는 듯하다. 그래서 여기서 우리가 논의한 문제의 핵심은 다음과 같이 요약할 수 있다.

"일상적인 절차와 훈련만으로는 예외적으로 뛰어난 서비스를 제공할 수 없다."

따라서 기업이 서비스를 효과적인 차별화의 수단으로 쓰려면 그 이상의 조치가 필요하다. 즉 기업은 서비스 직원들이 정해진 서비스 절차나 편람manual에만 매달리지 않고, **어떤 상황에서도 고객에게 좋은 서비스를 제공할 수 있도록** 그들을 선발하고, 가르치고, 이끌어야 한다.

PART 4

달라진 소비자 행동에 대처하라

달라진
소비자 행동의 유형

지난 2000년경 인터넷 붐이 한창일 때 세계경제계는 한껏 부풀은 기대에 가득 찬 바 있다. 당시 세계에 만연했던 낙관론을 직접 경험해보지 않은 사람은 그 시절의 분위기를 상상하기 힘들 것이다. 당시에 유행했던 주문 같은 '뉴 이코노미New Ecomomy'라는 말은 일반 대중뿐만 아니라 일부 식자층까지도 매료했다. 그래서 상당수 지식인이 아래와 같은 견해를 표명하곤 했다.

"인터넷은 기존의 경제법칙을 무효로 만들었고 새로운 경제시대의 도래를 알리고 있다."

과거에도 전 세계가 이렇게 동시에 도취감이나 침울함에 빠져

들어 근본적인 경제법칙과 인과관계에 의문을 제기하는 일이 종종 있었다. 2008년 9월 금융 위기가 발생한 이후 "이제부터 세상이 완전히 달라질 것"이라는 얘기가 자주 들리곤 했다. 그러나 우리는 이러한 주장을 경계할 필요가 있다. 인터넷도 지난번의 경제 위기도 전통적인 경제법칙을 쓸모없는 것으로 만들지 못했다. 그리고 경제 위기가 일어난 이후에도 소비자들의 근본적인 행동방식은 달라지지 않았다. 걱정을 해야 할 이유는 무척 많지만 그래도 우리는 냉정을 잃어서는 안 된다.

그러나 그렇다고 해서 지난번의 위기가 소비자 행동에 영향을 끼치지 않았다는 뜻은 결코 아니다. 사실은 그 정반대다. 어떤 행동과 태도의 변화가 일시적인 현상에 그칠지, 또 어떤 변화가 항구적이 될지는 두고 보아야 한다. 어떻든 간에 소비자 행동이 다시 정상화되기까지는 상당한 시간이 걸릴 것으로 보인다. 어떤 변화들은 영구적인 현상으로 남을 것으로 생각된다. 왜냐하면 그것들은 위기에 의해 야기되었다기보다는, 위기는 기껏해야 그런 변화들을 가속화시켰을 뿐이기 때문이다. 예를 들면 높아진 환경의식, 에너지 절약, 자원 보호 등이 이에 속한다.

그러면 이제부터 경제 위기 후에 달라진 소비자 행동과 기업이 이러한 변화의 시대에 대처하는 데 도움이 될 수 있는 몇몇 실용적인 방안들을 논의해보자.

신뢰의 상실

경제 위기는 소비자들의 시장경제에 대한 신뢰, 특히 금융 부문에 대한 신뢰에 큰 타격을 주었다. 그 결과 소비자들은 더 신중해졌고 또 더 의심을 많이 하게 되었다. 그들은 더 많은 정보를 갖고 싶어 하고 물건 사는 것에 대해 더 오랫동안 생각한다. 그러나 한편 위기는 기업이 고객들의 확고한 신뢰를 얻는 계기가 될 수도 있다. 1980년대와 1990년대에 있었던 두 사례를 살펴보자.

미국의 존슨앤존슨Johnson&Johnson은 1982년 자사 제품 타이레놀에 독극물이 투여된 사건이 터졌을 때 시카고 지역의 제품을 모두 회수하라는 미국 식약청의 명령을 뛰어넘는 조치를 취한 바 있다. 즉, 미국 전역에 깔린 타이레놀을 전부 거두어들인 것이다.

또 우리나라의 교보생명은 1997년 IMF 사태 직후 고금리시대에 대량으로 팔았던 금리보장 상품이 금리가 떨어지자 회사에 커다란 부담으로 돌아와 위기를 맞았다. 그러나 고객과의 약속을 무엇보다 중시했던 이 회사는 감언이설로 고객에게 현재 가입한 상품을 다른 것으로 바꾸도록 하는 조치를 취하지 않았다.

또 세계적인 과자회사 하리보Haribo를 비롯한 독일의 많은 히든 챔피언들의 시장지배력은 경제 위기 기간에는 물론이고 그 후에도 지속적으로 커지고 있는데, 그것은 그들이 시장에서 받는 전폭적인 신뢰 덕분이다. 그러나 이들과는 달리 대부분의 회사들은 시장의 신뢰를 잃었으며, 소비자의 신뢰를 다시 얻는 것은 그들이 직면한 커다란 과제다.

미래에 대한 불안감

금융 위기 이후 미래에 대한 불안감이 소비자의 행동에 많은 영향을 끼치고 있다. 특히 일자리를 잃지 않을까 하는 걱정이 알게 모르게 그들을 짓누르고 있다. 이런 경향은 미국에서 특히 더 심한 듯하다. 그래서 그렇게 소비를 좋아하는 미국에서조차 저축률이 꾸준히 올라가고 있다. 이러한 불안감이 소비자가 구매를 꺼리는 원인인데, 문제는 기업들이 활용할 수 있는 자원만으로는 불안감을 쉽게 없앨 수 없다는 것이다.

제품, 가격, 커뮤니케이션, 유통이라는 이른바 마케팅의 네 가지 도구 가운데 어떤 것도 이러한 소비자의 저항을 간단하고 효과적으로 극복할 수 없다. 그중에서는 가격이 가장 적합하기는 하다. 그러나 구매를 꺼리는 마음이 매우 큰 경우에는 값을 대폭 낮추어야 한다. 그러나 값을 크게 내리면 마진이 마이너스가 되어 기업이 오히려 손해를 볼 수가 있다.

불리한 방향으로의 가격탄력성의 변화

우리는 위기가 오면 가격탄력성이 올라갈 것이라고 생각하기 쉽다. 그러나 실은 가격이 오를 때만 그렇고, 가격이 내려갈 때는 가격탄력성이 올라가지 않는다. 대체로 위기가 닥치면 가격탄력성이 기업이 원하지 않는 방향으로 변한다. 즉 가격이 떨어져도 판매가 크게 늘어나지 않으며, 반면에 가격이 오르면 정상적인 때보다 판매가 더 많이 줄어든다. 또한 위기 때에는 기업이 평상시보다 가격을 더 많이 내려야 가격반응함수에서 가격탄력성이 높아지는 영역에 진입한다. 물론 모든 상황에서 이러한 불리한 변화가 일어나는 것은 아니므로 기업은 각 개별 상황을 면밀히 분석해야 할 것이다.

기업은 가격탄력성이 어떻게 달라지느냐에 따라 적절한 조치를 취해야 한다. 대체로 위기 때에는 기업은 되도록 가격을 유지하는 것이 좋다. 그러나 그것이 불가능하고 따라서 할 수 없이 값을 내려야 한다면, 많은 경우 큰 폭으로 내리는 편이 더 낫다. 왜냐하면 그래야만 인하된 가격이 가격반응함수에서 가격탄력성이 높은 구간에 들어가기 때문이다.

뚜렷한 효용과 원가우위의 중요성

위기 때에는 뚜렷이 보이는 효용과 원가우위가 한층 더 중요해진다. 호황기에는 소비자가 '있으면 좋지만 꼭 필요하지 않은' 품목에 쉽게 빠져드는 반면 불황기에는 필수품이 아닌 품목은 판매가 줄어든다. 그러나 기업이 명확하고 검증할 수 있는 편익 또는 원가우위를 제공하면 판매, 매출액, 시장점유율을 늘릴 수 있다. 가령 어느 유명한 엔지니어링 회사의 경험에 따르면 고객은 위기가 오면 원가를 상당히 절감해주는 프로젝트만 발주한다고 한다. 반면에 겉만 그럴싸하게 현대화하는 투자는 모두 중단된다. 소비재의 경우도 비슷하다. 세계적인 식품회사 크라프트 Kraft 의 아이린 로젠펠드 Irene Rosenfeld 회장은 다음과 같이 말한다.

"세계의 거의 모든 소비자는 여전히 (제품의) '가치'를 매우 의식하고 있습니다."[42]

또 불황이 오면 소비자는 품질과 안전을 더 중시하게 된다는 연구 결과도 나와 있다.[43]

'단축된 시간' 선호

시간 선호도 달라지고 있다. 금융 위기 이후 '장기'보다는 '단기'를 선호하는 경향이 두드러지게 나타나고 있다. 우리는 이런 현상을

'단축된 시간 선호'라고 부르기로 한다. 한 대형 은행은 아주 매력적인 세후 이자를 보장하기는 하지만 긴 투자기간이 지난 다음에야 이자를 지급하는 상품을 내놓은 바 있다. 그러나 이 상품은 실패하고 말았다. 불확실성이 높은 시기에 투자자들은 오랜 기간 돈을 묶어놓는 것을 꺼리기 때문이다. 그래서 이 은행은 수익률이 낮은 대신 만기가 짧은 상품을 다시 내놓았고, 이것은 훨씬 잘 팔렸다. 산업재도 마찬가지다. 위기가 닥치면 B2B시장 고객들의 투자 의욕이 급격히 줄어들고, 원가를 빨리 절감시켜주는 제품과 서비스가 인기를 끈다. 그래서 영업사원들은 당장 원가를 줄여주는 방법을 부각시키는 것이 좋다. 기업은 어쩌면 단기효과를 높이는 방향으로 사업 모델 business model 자체를 바꾸어야 할지도 모른다.

자금 융통의 중요성

금융 위기를 겪으면서 은행들은 기업들에 대해 한층 더 신중하게 그리고 선별적으로 신용을 공여해주고 있다. 이런 경향은 소매금융에서도 마찬가지다. 이러한 '신용경색' 현상은 당분간 계속될 것으로 생각된다. 신용을 제공하는 회사가 위험 risk 을 판단하고 그것을 받아들이고 감수하는 태도와 능력은 회사마다 크게 다르다. 이런 상황에서는 신용제공 능력과 지불조건의 중요성이 더 커질 수밖에 없다.

많은 기업들과 개인 고객들이 자금난에 시달린다. 그들이 대금 지불을 연기할 수 있는 만큼 그들의 유동성 문제는 완화된다. 따라서 이런 면에서 너그럽게 행동할 수 있는 업체는 경쟁우위를 갖게 된다. 한 가정용품 회사는 고객들에게 신용 공여 기간을 늘려주고 지급기한을 늦춰주면서 무리 없이 값을 올릴 수 있었다. 이 회사는 이로 말미암아 더 높은 금융 위험에 노출되므로 외상매출채권을 만기 전에 양도하여 조기에 채권 회수를 할 수 있도록 하는 팩토링factoring으로 그것에 대비했다. 그렇게 했는데도 불구하고 이 회사는 훨씬 더 많은 마진을 확보할 수 있었다.

기업에게나 개인 고객에게나 자금 조달은 여전히 쉽지 않다. 앞으로도 은행은 계속 조심스럽게 행동할 것이고, 과거보다 더 꼼꼼히 위험을 평가할 것이다.

안전의 중요성

안전도 점점 더 중요해지고 있다. 특히 금융 분야에서는 더욱 더 그런 듯하다. 예를 들어, 금융 위기 이후 수익률은 낮아도 신용등급이 높은 채권은 인기가 좋다. 수익성보다 안정성이 상대적으로 더 중시되고 있는 것이다. 그러나 금융 부문뿐만 아니라 다른 시장에서도 전반적으로 안전을 선호하는 경향이 더 강해지고 있다. 특별히 안전하다고 소문난 항공회사는 위기가 와도 손님이 많이 줄지 않는다. 따라서 그런 회사는 운항을 계속하기 위해 값을 크게 내릴 필요가 없다. 경제 위기로 말미암아 사회의 양극화 현상이 더 심해지고 범죄가 늘면, 안전과 관련된 제품과 서비스에 대한 수요가 늘어난다. 그래서 은행 금고, 경보 시스템, 경비 서비스 등은 오히려 호황을 누린다.

소비자 행동이 근본적으로 달라지지는 않았다 하더라도 지난 금융 위기가 소비자 행동에 다양한 영향을 끼친 것은 사실이다. 어떤 행동의 변화는 일시적인 현상에 그치고 또 어떤 변화는 항구적이 될 것이다. 그러나 대체로 이러한 변화 탓에 기업 경영은 더 힘들어진다. 또한 고객의 욕구가 달라지고 있으므로 기업은 그러한 변화에 맞게 제공하는 제품·서비스와 마케팅을 바꿔야 할 것이다.

위험 지각risk perception과 위험 회피risk aversion는 금융 위기 이전에 비해 그 정도가 더 심해졌다. 개인 소비자도 그렇고 기업 고객도 마찬가지다. 소비자는 미래에 대해 더 불안해하며, 그래서 현금을 쌓아 놓는다. 기업도 투자하기를 꺼리고 장기간에 걸쳐 의무를 지어야 하는 일을 회피한다.

이렇게 위험 지각과 위험 회피 현상이 만연한 현실이라면, 기업은 고객을 위해 그들이 느끼는 위험을 줄여주는 조치를 취할 필요가 있다. 그렇게 하면 구매를 꺼리는 고객의 마음을 어느 정도 누그러뜨릴 수 있기 때문이다.

그러나 기업이 고객의 위험을 줄이는 조치를 취하면, 당연히 기업은 더 많은 위험을 떠안게 된다. 그래서 기업은 그러한 위험 부담이 얼마만큼의 비용이 들고, 또 그것이 회사 자체를 위험에 빠뜨릴 가능성이 있는지 등을 면밀히 검토해야 한다. 그런데 고객이 마음속에서 느끼는 위험과 기업이 객관적으로 짊어지는 위험은 반드시 일치하지는 않는다. 따라서 고객과 기업이 위험을 적절하게 나누면 양쪽이 다 덕을 볼 수 있다.

그러면 이러한 상황을 맞이하여 기업은 어떻게 대처해야 하는가?

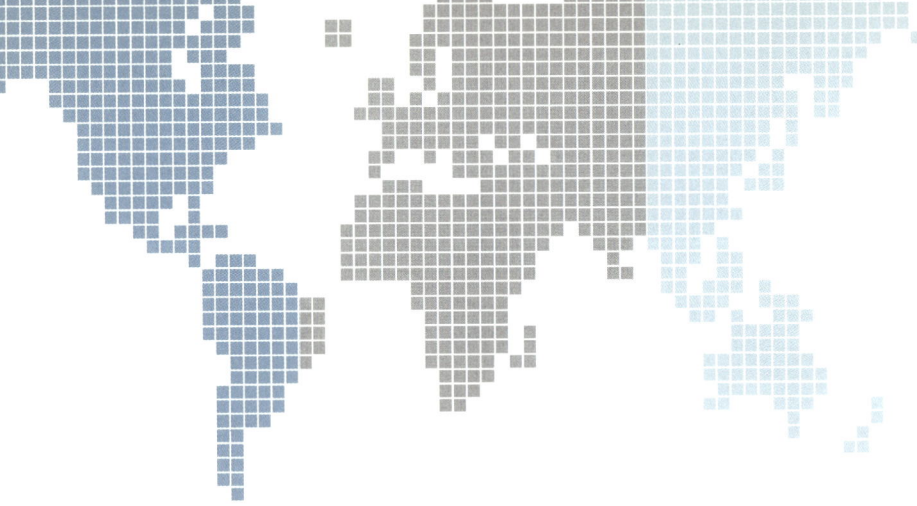

기업은 어떻게
대처해야 하는가

과감한 보장으로 고객이 느끼는 위험을 줄인다

위기가 오면 고객은 불안·공포·불확실성에 시달리고, 위험을 회피하고자 한다. 그래서 기업은 그들이 느끼는 위험·불안감을 이해하고, 그에 걸맞은 해결책을 제시해야 한다. 과감한 보장은 그 전형적인 방법의 하나다.

미국의 소프트웨어회사 인퓨전소프트 Infusionsoft 는 자사의 소프트웨어를 구입하고 1년 내에 매출이 갑절로 늘어나지 않는 고객에게 환불해주겠다고 선언한 바 있다. 이 소프트웨어는 직원 수가 열 명이하인 소규모 업체를 위한 프로그램이다. 인퓨전소프트는 정기적으로 자료를 입력하는 등 실제로 자사의 소프트웨어를 쓰는 업체에 환불을 보장한다. 이 소프트웨어의 가격은 약 4,000달러인데, 고객회사의 판매가 100퍼센트 신장하지 않으면 전액 환불된다.

인퓨전소프트에 따르면 이 보장 프로그램 덕분에 고객들의 구매 저항이 상당히 줄었다고 한다. 또한 소프트웨어를 구입한 후 판매가 두 배 이상 늘지 않은 회사들도 대부분 그것을 계속 쓰고 있다고 한다.[44]

현대자동차는 2009년 미국에서 '불확실한 때의 확실성 certainty in uncertain time' 광고 캠페인을 벌여 큰 성공을 거둔 바 있다. 즉, 현대자동차의 새 고객이 빚을 갚는 동안 실직을 하면 현대자동차는 그가 직장을 찾는 동안 3개월까지 돈을 대신 내준다. 3개월이 지나도 새 직장을 못 구하면 고객은 자동차를 돌려주기만 하면 된다. 2009년 현대자동차의 시장점유율은 3.1퍼센트에서 4.3퍼센트로 올라갔으며, 판매량은 무려 27퍼센트나 늘었다. 2010년에는 시장점유율이 4.7퍼센트가 되었을 뿐만 아니라, 사용자의 60퍼센트가 현대자동차의 자동차를 구매할 것을 고려하고 있다고 천명했다. 2007년에는 그 비율이 40퍼센트에 지나지 않았다.[45]

미국의 고급 오디오회사인 피시온 오디오 Ficion Audio는 고급 스피커에 대한 수요가 급락하자(이 회사에서 판매하는 고급 스피커의 가격은 약 3,400달러에서 1만5,000달러나 된다) 고객이 스피커를 구입하고

1년 안에 일자리를 잃을 경우 구입 가격의 90퍼센트를 돌려주기로 했다. 또한 고객이 구매 후 1~2년 사이에 일자리를 잃으면 구매 가격의 75퍼센트를 돌려주기로 했다.[46]

공급회사의 관점에서 회사와 고객이 위험을 가장 적합하게 분담하도록 하려면, 회사는 먼저 고객이 위험과 불확실성을 얼마만큼 인식하는지 파악해야 한다. 고객들의 위험 인지나 불확실성 인지가 결정적인 구매 장애 요인인가 또는 그렇지 않은가? 그 다음 공급회사는 자사가 떠안게 될 위험이 어느 정도인지 아주 신중히 평가해야 한다. 또한 고객이 지불 불능 상태가 될 경우 피해를 최소화할 수 있도록 계약 내용을 작성해야 한다. 경우에 따라서는 압류의 가능성도 미리 열어놓아야 한다.

시험 사용 기간을 제공한다

고객이 느끼는 위험을 줄여주는 또 하나의 방법은 내구재의 경우 시험적으로 제품을 써볼 수 있는 시간을 주는 것이다. 제조업체가 새로운 기계를 구입하거나 장기 리스 계약을 하면 상당한 재무적 부담을 떠안아야 하고 따라서 위험도 그만큼 커진다. 이러한 부담과 위험을 어떻게 줄일 수 있을까? 고객에게 시험 삼아 제품을 쓸 수 있게 하는 것도 한 방법이다. 이러한 시험 사용 모델의 경우는 고객이 장기리스 계약을 맺을 때와는 달리 언제든지 계약을 해지하고 제품을 반납할 수 있다. 고객은 매달 임대료를 내고 그 금액은 리스할 때보다는 약간 비싸다. 그러나 고객은 매달 임대료를 내는 것 이외에는 아무런 의무가 없다. 이러한 '시험 사용 모델'이 공급회사에게 더 큰 위험을 안겨주는 것은 말할 것도 없다. 이것은 건물의 임대차 계약기간이 짧을 때와 비슷하다.

어느 공작기계 회사는 대량생산을 한 탓에 재고가 많았는데, 이 회사는 '시험 사용 모델' 덕을 톡톡히 본 바 있다. 첫째, 고객들이 기계를 시험 삼아 써보는 만큼 추가적인 매출이 발생했다. 둘째, 재고가 줄어들어 직원들의 사기에 긍정적인 영향을 미쳤다. 이 회사의 공작기계를 시험적으로 써본 고객들은 그것이 그들이 이전에 사용하던 기계보다 생산성이 높다는 것을 알게 되었다. 그래서 그들은 시험 사용 기간이 끝난 후에도 기계를 반납하지 않았다.

이 모델은 이제 소비재 분야에서도 쓰이고 있다. 세계적인 식품회사 크라프트 식품Kraft Foods의 완전자동화된 커피머신 타씨모TASSIMO는 소비자들이 6주 동안 그냥 시험적으로 쓸 수 있다. 이때 소비자는 기계를 정식으로 구입하는 것이긴 하지만 6주 동안 써본 후 언제든지 돌려줄 수 있다. 그러면 회사는 구입가격을 전액 환불해준다.

해약 또는 반품 조항을 넣는다

고객이 불안감, 신뢰의 부족, 위험 회피 등의 원인으로 제품 구매나 계약 체결을 꺼리거나 오랫동안 묶이는 것을 회피하면, 기업은 그들의 이러한 심리적 압박감을 해소할 수 있는 방안을 모색해야 한다. 앞에서 논의한 '보장'과 '시험기간' 외에 해약·반품의 가능성을 열어놓는 것도 또 하나의 대안이다.

지원병을 모집하는 데 어려움을 겪는 미국 육군은 얼마 전부터 지원병에게 입대 후 6개월 후에 지원을 취소할 수 있는 선택권을 주고 있다. 이 제도의 성공 여부를 최종적으로 판단하기에는 아직 이르다. 그러나 초기의 결과만을 놓고 보면, 이 정책은 이미 상당한 효과를 보고 있는 듯하다.[47]

유럽의 인터넷 은행 콤다이렉트Comdirect는 '만족을 보장하는 무료 당좌계좌'라는 상품을 판다. 신규 고객은 환영 선물로 50유로를 받는다. 이것은 그다지 특이한 일이 아니다. 그러나 고객이 6개월 후에 불만족을 이유로 해약하면 그는 50유로를 더 받는다. 즉 그는 합쳐서 100유로를 받는 것이고, 바로 이 점이 이 정책의 혁신적인 면이다.

이러한 해지 조항은 잠재고객들에게 매우 강한 신호를 보낸다. 왜냐하면 그들은 군대에 남거나 은행과 거래를 계속하는 것이 매력적으로 보이도록, 또 계약 취소가 매력적이지 않게 보이도록 해당기관이 최선을 다할 것임을 알기 때문이다. 따라서 해약·반품 조항은 위기를 겪은 고객들이 품고 있는 구매에 대한 불안감 또는 묶이는 것에 대한 불안감을 누그러뜨리는 좋은 수단이 될 수 있다.

대금 지불을 고객의 성공 여부와 연관시킨다

대금 지불을 고객이 향유하는 성공과 연동하면 고객이 아닌 공급자가 위험을 부담하게 된다. 대금 지불이 고객의 성공 여부에 달려 있기 때문이다. 호텔 같은 영업시설을 장기적으로 빌릴 때 이런 지불 방식이 흔히 쓰인다. 호텔 운영을 맡은 측은 고정임대료와 함께 매출 또는 수익에 비례하는 금액을 추가적으로 낸다. 이러한 방식을 택하면 고정임대료를 낼 때에 비해 빌리는 측의 위험이 줄어든다. 반면에 호텔 소유주는 더 큰 위험을 떠안는다. 그러나 호텔 운영이 잘되면 그는 더 많은 돈을 벌 수 있다.

세계적인 풍력터빈 회사인 에네르콘은 고객에게 성과에 비례하는 지불 방식을 제안한다. 즉, 에네르콘은 점검, 안전서비스, 손질, 수선 등을 포함한 포괄적인 서비스를 보장하는 서비스계약을 고객들과 맺고, 서비스 가격은 그들이 풍력발전시설을 써서 얻는 수익에 비례하도록 한다. 이렇게 에네르콘은 고객인 풍력발전소와 위험을 나눔으로써 고객들의 위험을 크게 줄여주는 것이다. 에네르콘의 고객 중 85퍼센트가 EPK라고 불리는 이 서비스 계약을 맺는 것을 보면 그들은 에네르콘의 제안을 무척 만족스러워하는 듯하다.

고객을 위한 이러한 위험 부담과 보장은 비용을 수반하게 마련이다. 그러나 에네르콘은 그러한 비용을 충분히 감당할 수 있다. 왜냐하면 이 회사의 제품이 품질이 아주 뛰어나고 특히 에네르콘은 세계에서 유일하게 기어가 없는 풍력터빈을 생산하기 때문이다. 기어가 있으면 그만큼 고장이 잦고 자주 정비해야 하는데, 기어가 없으니 추가 비용이 거의 발생하지 않는다. 따라서 에네르콘은 고객들에게 97퍼센트라는 매우 높은 정상가동률을 보장할 수 있다. 그러나 실제의 정상가동률은 평균 99퍼센트에 이른다. 따라서 '정상가동률 97퍼센트 보장'은 에네르콘에게 돈이 들지 않는 정책이다. 이것이야말로 금융 위기 이후의 구매저항을 극복하기 위해 공급사와 고객이 이상적으로 위험을 분담하는 좋은 사례다.

구체적인 편익과 원가절감 효과를 강조한다

앞에서 우리는 위기가 오면 가격탄력성이 달갑지 않은 방향으로 달라지고, 또한 뚜렷한 효용과 원가우위가 더 중요해진다고 말한 바 있다. 이러한 사실은 기업의 커뮤니케이션 정책에 영향을 줄 수밖에 없다. 먼저 위기가 와서 가격 인하의 필요가 있다고 판단되면, 기업은 가격 문턱을 넘기 위해 더 과감히 값을 낮추어야 한다. 이뿐만 아니라 이러한 가격 인하의 사실을 더 적극적으로 알려야 한다. 그래야만 소기의 판매 목표를 달성할 수 있다. 이런 사실을 아는시 할인섬들은 위기 때나 위기 후에나 평상시보다 가격 광고를 더 많이 하는 경향이 있다. 그래서 예전에는 한 페이지 전면 광고가 많았는데 요즘은 양면 광고도 자주 눈에 띈다.

또 기업은 이미지를 중시하는 광고보다는 구체적인 편익이나 원가 절감 효과를 더 강조해야 한다. 미국의 어느 매트리스 회사는 다음과 같은 광고 슬로건으로 큰 성공을 거둔 바 있다.

"정형외과에 지불할 돈을 절약하세요. 고급 매트리스에 투자하세요."[48]

어려운 시기에는 이렇게 순전히 경제적 혜택을 내세우는 광고가 인기를 끈다. 고객이 자동차를 사려고 할 때 연비, 중고차로 팔 때의 가격, 배기가스량 등에 더 많은 관심을 보인다면, 기업은 당연히 이러한 요소들을 더 부각해야 한다. 산업재의 경우에는 위기 상황이 아닌 평상시에도 이러한 커뮤니케이션 전략을 써야 한다.

우리는 앞에서 금융 위기 후 고객이 장기적으로 얻을 수 있는 이득보다는 단기적으로 획득할 수 있는 편익을 선호하는 경향이 있다고 말한 바 있다. 이런 경향이 강할수록 기업이 장기적인 혜택보다는 단기적 이득을 더 강조해야 함은 두말할 나위도 없다. 기업이 이러한 방향으로 광고·커뮤니케이션 및 제품을 바꾸려고 할 때의 전제조건은 고객들의 요구사항이 어떻게 달라졌는가를 확실히 알아야 한다는 것이다.

고객의 자금 조달을 도와준다

금융 위기가 가져온 심각하면서도 지속적인 결과의 하나는 돈 빌리기가 어려워졌다는 것이다. 금융기관들은 이전보다 더 높은 상환 능력을 요구하면서 한층 더 신중하게 대출 결정을 내린다. 이러한 상황은 고객이 개인이건 기업이건 마찬가지다. 그렇다면 고객이 살 마음이 있다고 하더라도 자금을 조달할 수 없으면 살 수 없게 된다.

위기로 말미암아 신용은 상당 기간 '희귀재'가 될 것으로 생각된다. 따라서 재무자원이 풍족한 회사에게는 이러한 '신용 경색' 상황이 자사의 재력을 활용할 수 있는 좋은 기회이기도 하다.

앞에서 우리가 논의한 바 있는 에네르콘의 서비스 계약 EPK는 여기서도 좋은 사례다. 에네르콘이 고객과 맺는 서비스 계약의 기간은 12년인데, 이 회사는 처음 6년 동안 서비스 요금의 절반만 받는다. 풍력발전소에 투자한 회사는 바로 이 초기 기간 동안 유동성 부족에 시달리는 경우가 많다. 그래서 에네르콘의 이러한 제안은 풍력발전소의 시동 단계에서 고객의 재무 부담을 덜어주는 데 큰 도움이 된다.

메쎄 프랑크푸르트Messe Frankfurt라는 박람회 대행사는 가격할인 대신에 자금 융통을 도와주는 것을 대안으로 제시한다. 이 회사의 데틀레프 브라운Detlef Braun은 다음과 같이 말한다.

"우리는 가치 이하로는 팔지 않습니다. 그러나 지불기한, 할부, 추가적인 서비스 등에 대해서는 논의할 용의가 있습니다."[49]

러시아 기업들은 이렇게 공급자가 어려울 때에 자금 조달에 도움을 주는 것을 특히 높이 평가한다. 10여 년 전 러시아에 위기가 왔을 때 독일의 기계제작회사들은 러시아 고객에 대해 자금 융통 면에서 관대하면서도 융통성 있게 행동했다. 러시아 고객들은 독일 회사들의 이러한 행태를 아주 고마워했고 지금까지 잊지 않는다고 한다.

어려운 시기에 고객에게 도움의 손길을 내밀면 고객의 충성심을 얻는 데 도움이 된다. 자금 조달은 현재 공급이 수요를 만족시키지 못하고 있고 또 수요가 계속 늘어나는 시장에서도 문제가 될 수 있다. 풍력발전 설비와 태양에너지 설비가 바로 그런 보기다. 이런 시설들은 초기에 매우 큰 투자를 필요로 하며, 투자하는 회사 또는 운영회사는 대체로 외부에서 자금을 조달한다. 이렇게 '청정에너지' 사업이 외부자금에 크게 의존할 수밖에 없는 것은 이 산업의 숙명일지도 모른다. 그래서 이런 시설을 공급하는 회사가 운영회사에게 자금 융통 면에서 도움을 줄 수 있다면, 그것은 공급회사의 엄청난 경쟁우위가 되는 것이다.

개인 고객을 상대로 할 때에도 관대한 자금 융통은 판매를 활성화할 수 있다. 해외에서는 여러 자동차회사가 몇 달 또는 몇 년 동안 무이자로 돈을 빌려주고 있고, 베스트바이 등 일부 소매업체들도 가전제품이나 가구 같은 값비싼 제품, 또는 일정 금액 이상의 제품을 구매하는 고객들에게 비슷한 혜택을 주고 있다. 유럽에서도 150유로 이상의 제품 또는 서비스를 구입하면 몇 달 동안 돈을 빌려주는 업체들이 있다(예를 들면 전자제품 소매상 메디아 마르크트 Media Markt, 타이어 및 자동차 서비스 소매상 페어필스트 Vergölst).

돈을 융통하는 데 어려움을 겪는 고객에게는 판매업체가 이렇게 물건 값을 미리 대신 내주는 편이 같은 액수의 할인 또는 환불보다 더 매력적이다. 예를 들어, 어느 자동차 판매회사가 가격이 5,000만 원인 자동차를 고객이 2년 동안 무상으로 쓸 수 있게 자금 융통을 해주고 그 비용은 10퍼센트라고 가정해보자. 그러면 이 회사가 부담해야 하는 액수는 500만 원이다. 회사는 이 금액만큼 깎아주거나 돌려줄 수도 있다. 그러나 고객은 그래도 4,500만 원이나 내야 한다.

그러나 무이자로 2년 동안 구입 자금을 융통해주는 경우에는, 2년이 지난 다음에야 대금 지불이 시작된다. 위기 상황을 맞이하여 힘들게 재무관리를 하는 고객에게는 이 제안이 더 구미가 당길지도 모른다. 물론 기업은 이러한 자금 융통을 제안함으로써 나쁜 고객을 만났을 경우 상당한 위험을 부담하게 된다. 따라서 이러한 자금 융통의 혜택을 받을 고객을 제대로 고르는 것이 결정적인 성공의 관건이다. 이것은 기업의 자금 융통 능력에 상당한 부담을 주는 방안이므로, 재정이 튼튼한 회사들만이 이러한 제안을 할 수 있다.

앞으로 기업이 고객의 자금 조달을 도와주는 것은 크나큰 경쟁 우위가 될 수 있다. 이런 전략을 쓰는 기업은 더 커진 위험 요인을 면밀히 검토하고 그 결과를 가격에 반영해야 한다.

물물교환을 받아들인다

앞에서 우리가 말한 대로 앞으로 상당 기간 자금 융통의 어려움은 계속될 것으로 예상된다. 그래서 판매대금의 지불이 늦어지는 경우가 적지 않다. 고객이 사고는 싶은데 현금이 없는 경우도 많다. 고객이 재정적인 문제가 있어서 대금을 돈으로 줄 수는 없지만, 아마도 판매업체에게 값어치가 있는 제품이나 시설을 제공할 수 있을 것이다. 그렇다면 물물교환의 가능성이 열린다.

불확실성의 시대가 오면 옛날부터 있었던 물물교환 방식이 다시 주목을 받는다. 금융 위기로 말미암아 선진국 경제는 부분적으로 경제발전의 초기 단계로 되돌아간 면이 없지 않다. 현금이 부족한 개발도상국에서는 수십 년 동안 물물교환이 성행했다. 기계, 화공제품, 살충제 등을 제공하는 대가로 공급회사는 돈 대신 쌀, 나무 등의 상품을 받았던 것이다.

재무적인 어려움을 겪는 어느 스포츠 구단과 일을 하는 어느 광고회사는 이와 같은 물물교환 방식을 수용한 바 있다. 이 스포츠 구단은 광고비를 지불할 여력이 없었고, 그래서 이 회사는 자사가 소유한 경기장의 귀빈석을 사용할 수 있는 권리를 주겠다고 제안했다. 광고회사는 이 제안이 괜찮다고 판단하고 받아들였으며, 주요 경기가 열릴 때마다 중요한 고객들을 경기장의 귀빈석으로 초대했다. 고객들은 이러한 초대를 아주 크게 환영했다. 이 광고회사는 물물교환 방식을 받아들일 용의가 있었기 때문에 광고계약을 따낼 수 있었고, 또 이 특이한 거래 덕분에 상당한 편익을 획득했다.

농약 및 종자 seed 분야의 세계적인 회사인 스위스의 진겐타 Syngenta는 자금 융통을 할 수 없는 농민에게 먼저 그들이 원하는 물품을 공급한다. 그 대신 이 회사는 농민들이 미래에 수확할 물량의 일부분을 인수하여 그것을 선물시장에서 매각한다. 이러한 물물교환 방식 딕택에 양쪽이 다 덕을 보는 이른바 윈-윈 거래가 생겨난 것이다. 이렇게 양쪽 모두에게 도움이 되는 물물교환은 셀 수 없이 많다.

새로운 사업모델과 서비스모델을 개발한다

해외에서는 수돗물·에너지 등의 공공재를 공급하는 몇몇 회사가 비교적 적은 웃돈을 받고 일 년 또는 몇 년 동안 값을 보장하는 상품을 내놓은 바 있다. 이와 같은 조치는 큰 인기를 끌었다. 이러한 상품이 노리는 효과는 가격 보장이라는 수단을 이용하여 고객을 회사에 묶어놓는 것이다. 자동차회사들은 종종 거액을 할인해주기도 한다. 미국 회사들은 수요가 떨어지면 수천 달러를 깎아주는 적도 있다. 그런데 고객들이 치솟는 기름값 때문에 걱정을 많이 하는 것이 현실이라면, 다음과 같은 방식을 써보는 것이 어떨까?

현재 기존 자동차회사들이 자동차 가격을 대략 300만 원 정도

할인해주고 있다고 하자. 이럴 때 어떤 회사가 3년 동안 1리터당 휘발유 값 1,800원을 보장하는 정책을 내놓았다고 가정하고 대략적인 계산을 해보자. 고객이 자동차를 1년에 평균 2만 킬로미터를 몰고 휘발유를 약 2,000리터 소비한다고 하자. 기름값 보장가격이 1,800원인데 실제 기름값이 2,200원이라면, 해당 자동차회사는 3년 동안 고객에 대해 240만 원(2,000리터×400원×3년)을 부담하게 된다. 이것은 이 자동차회사가 감수하는 할인 금액 300만 원보다 적은 금액이다. 이러한 기름값 보장은 흔히 행해지는 정가 할인보다 고객들의 구매 결정에 더 큰 영향을 끼칠 것으로 생각된다. 또한 이런 방식은 회사에 뜻밖의 기쁨을 안겨줄 수도 있다. 왜냐하면 앞으로 몇 년 동안 기름값이 보장가격 이하로 떨어질 가능성도 있기 때문이다. 따라서 이 자동차회사의 기름값 보장 정책은 정가 할인 정책보다 훨씬 유리할 수도 있다.

위기가 올 때마다 소비자가 필요로 하는 것이 바뀌고 또 그들에게 새로운 걱정거리가 생겨나기도 한다. 창의성이 있는 회사에게 이런 상황은 좋은 기회다. 게오르그 코플러 Georg Kofler가 2008년에 설립한 코플러 에너지 Kofler Energies는 고객회사의 에너지 효율을 높이기 위한 모든 투자를 스스로 하고, 고객에게는 지속적으로 10퍼센트의 에너지 절약을 보장한다. 그리고 에너지 절감이 목표치 10퍼센트를 넘으면, 그것을 초과한 금액은 코플러가 모두 갖는 방식이다. 이것은 고객이 직면한 급박한 문제를 해결해주는 모범적인 사업 모델이며, 이런 모델은 불안정한 시기에는 특히 더 인기를 끌게 마련이다. 코플러가 부담하는 위험은 그다지 크지 않다. 왜냐하면 이 회사는 많은 사례를 경험했고 그것을 바탕으로 에너지를 얼마나 절감할 수 있는지 꽤 정확히 계산할 수 있기 때문이다. 그래서 코플러 에너지는 에너지를 10퍼센트 이상 훨씬 더 많이 절약할 수 있다고 상당히 자신하는 것으로 보인다.

미국의 난방기기 제조회사 바일란트Vaillant도 비슷한 사업 모델을 쓰고 있다. 이 회사의 고객들은 새로운 난방기기를 살 때 그 구입가격을 미래의 에너지 절감 금액으로 낼 수 있다. 그리고 고객이 지불하는 액수는 그가 에너지를 실제로 얼마나 쓰느냐에 달려 있다.[50]

정보기술 분야에서는 이른바 클라우드 컴퓨팅Cloud Computing 또는 사스Saas: Software as a Service라는 새로운 사업 모델이 나타났다. 이것은 클라우드라고 불리는 소프트웨어를 인터넷상에서 쓸 수 있게 해주고, 일정한 가용 수준availability level을 보장하는 것이다. 고객이 이 방식을 택하면 하드웨어 구입, 설치비용, 값비싼 도입 프로젝트 등이 필요 없어진다. 소프트웨어를 위한 기존의 고전적 가격 모델은 최초 구입시 한 번 지불하는 면허비와 연간 소프트웨어 관리비 같은 몇 개의 요소로 이루어져 있고, 고객은 여기에 추가적으로 하드웨어 가격도 내야 한다. 반면에 클라우드 컴퓨팅의 가격 모델은 '사용자의 월별 사용료'라는 요소 하나뿐이다. 이 모델은 위기 이후에 특히 매력적이다. 왜냐하면 큰돈이 드는 초기 투자가 필요 없기 때문이다. 게다가 고객으로서는 소요되는 원가를 더 잘 예측할 수 있기 때문에 그가 느끼는 위험이 줄어든다. 2015년까지 사스 시장이 엄청나게 성장할 것이라는 보도가 이미 나오고 있다.[51] 해외에서는 2010년에 스코프비지오Scopevisio라는 회사가 작은 회사를 위한 기업 소프트웨어를 내놓아 크게 인기를 끌었다. 이것은 이러한 사스 혁신의 좋은 사례다.

서비스 혁신이라고 하면 거창하게 들리겠지만 지금까지 개별적으로 판매했던 서비스를 하나로 묶어서 고정가격에 파는 것 같이 매우 단순한 경우도 많다.

한 공급업체에서 포괄적인 해법을 내놓으면 그만큼 고객이 누리는 안전성과 효율성이 높아진다. 상업용 폭약 시장의 선두업체인 호주의 오리카Orica는 채석장 운영업체에 포괄적인 서비스 상품을 제공한다. 오리카는 폭약 판매뿐만 아니라 암석 분석, 굴착 작업, 발파까지 모두 해준다. 이것은 맞춤형 서비스이기 때문에 가격의 투명성은 떨어지는 대신, 고객당 매출·효율성·안전성은 올라간다. 고객은 발파 과정을 걱정할 필요가 없기 때문에 그만큼 거래를 끊기가 어려워진다. 즉 공급업체를 바꾸기가 힘들어진다.

풍성한 서비스를 제공함으로써 가치사슬을 심화한다
기업이 고객들이 필요로 하는 서비스를 지금까지 제공하지 않았다면, 이것은 미래의 성장을 위한 기회다. 유럽 최고의 가전 소매업체 미디어-새턴 Media-Saturn 이 좋은 사례다. 최근까지 이 회사는 극히 제한된 서비스만 제공했는데, 이제는 자회사 페날리지아 Venalisia Import GmbH 를 통해 '파워 서비스 24'라는 포괄적인 서비스 상품을 판매한다. 특이한 점은 이 상품이 고정가격으로 팔린다는 것이다. 이 상품에 포함된 서비스는 배송, 조립, 최적화, 정비, 컴퓨터 서비스, 모든 기기에 대한 기술적인 문제 해결 등이다.

많은 경우 기업들은 제한적인 서비스만 제공하고 서비스가 창출할 수 있는 광범위한 가능성을 다 활용하지 않고 있다. 이미 수천 채의 조립식 주택을 공급해온 한 대형업체는 고객이 문의를 해오면 대응하는 정도였고, 적극적으로 서비스를 제공하지는 않았다. 그러나 이제 이 회사는 적극적으로 서비스를 판매하고 있다. 제공되는 서비스는 간단한 집수리부터 포괄적 에너지 현대화에 이르기까지 무척 다양하다.

포괄적인 서비스를 제공함으로써 매출을 늘릴 뿐만 아니라 마진도 높이는 현명한 회사들이 점점 더 많아지고 있다. 앞에서 우리는 풍력터빈회사 에네르콘의 포괄적인 서비스 계약 EPK를 언급한 바 있다. 에네르콘은 계약을 맺은 고객들에게 첫 12년 동안 광범위한 서비스를 제공하고 아주 높은 정상가동률을 보장한다. 전 세계 곳곳에 설치된 이 회사의 터빈 수가 급격히 늘어나고 있으므로 에네르콘의 이 서비스 사업은 경기에 덜 민감하고 위기의 영향도 덜 받을 것이 틀림없다.

고객을 위한 교육도 가치사슬을 늘리는 데 도움이 된다. 앞으로는 교육서비스의 중요성이 더욱 커질 것이다. 왜냐하면 제품이 점점 더 복잡해지는 추세이고, 직원의 교육 수준이 높지 않은 나라에 복잡한 제품을 수출하는 사례가 늘어나고 있기 때문이다. 경우에 따라서는 교육을 전담하는 독립법인을 설립할 수도 있다. 그러면 관련 서비스에 별도로 요금을 부과하는 것이 한층 쉬워지며, 또한 현재 모기업의 고객이 아닌 고객들에게도 교육서비스를 판매할 수 있을 것이다.

제품 판매회사에서 시스템 제공회사로 변신한다

위기는 흔히 공급사슬supply chain의 위쪽이나 아래쪽에 있는 회사들 또는 보완재를 생산하는 업체들도 약화시킨다. 이런 상황은 제품 판매 회사가 시스템 제공 회사로 거듭날 수 있는 기회가 될 수 있다. 예를 들어, 세계적인 직물용 바늘 제조업체인 그로츠-베커르트Groz-Beckert는 뜨개질용 바늘과 편물기용 바늘을 만드는 회사에서 정밀부품 부문의 주요 시스템 제공회사로 탈바꿈했다. 이 회사는 사업 영역을 재봉틀용 바늘, 펠트용 바늘, 구조를 짜주는 바늘, 양탄자 제작용 바늘, 방직기용 부품 등으로 꾸준히 넓혀갔다. 그로츠-베커르트는 방직기용 부품 시장의 세계적인 업체였던 스위스의 그롭 호르겐Grob Horgen과 독일의 쉬마잉Schmeing을 인수했다. 그러나 우리는 단순히 제품을 생산하는 업체에서 시스템 업체로 변신하는 데 걸리는 시간을 과소평가해서는 안 될 것이다.

세계적인 전문 청소기 제조업체 하코Hako는 기계를 팔아서 올리는 매출이 전체 매출액의 20퍼센트밖에 안 된다. 그 대신 이 회사가 임대, 서비스, 청소 대상의 기획, 상담 등으로 이루어진 종합적인 서비스 패키지를 팔아서 올리는 매출의 비중이 훨씬 더 크다. 하코는 청소 대상과 관련된 계산을 해주는 프로그램을 고객에게 제공하고 프로그램이 산출해준 원가를 보장한다. 즉 이 회사는 고객과 위험을 공유하는 것이다. 하코의 베른트 하일만Bernd Heilmann은 이렇게 말한다.

"이제 우리 회사는 일반적인 제조업체가 아닙니다. 우리는 포괄적인 시스템을 제공해주는 '서비스업체를 위한 서비스업체'입니다."

란탈Lantal은 항공기 내부 설비를 시공하는 회사이며 이 시장의 선두주자다. 이 회사도 항공사에게 포괄적인 시스템을 제공한다. 란탈이 판매하는 시스템은 고객의 구체적인 요구사항을 반영한 맞춤형 실내 디자인을 비롯하여 의자 덮개, 커튼, 벽면 마감재, 머리받침대, 카펫 등을 포함한다. 더 나아가 란탈은 시스템의 내용을 더욱 확장하고 있다. 이 회사는 항공기 내부에 쓰이는 마감재가 아주 엄격한 안전기준을 충족해야 한다는 점에 착안했다. 란탈은 항공기에 적합한 직물과 카펫을 공식적으로 인증해주는 증명서를 발행할 수 있는 권한을 유럽항공안전국EASA과 미연방항공청FAA에 신청하여 따냈다. 복잡한 인증 문제와 책임 문제가 걸려 있는 사안에 관한 한, 고객들이 여러 업체보다는 한 업체하고만 상대하기를 원할 것임은 말할 것도 없다.

기업이 개별 제품이 아닌 시스템을 공급하면 고객유지율이 높아진다는 또 하나의 장점이 있다. 여러 연구 결과에 따르면, 한 업체에서 여러 제품 또는 시스템 전체를 구입한 고객은 한 가지 제품만 사는 고객에 비해 공급업체를 바꿀 확률이 낮았다. 고객유지율이 높아지면 그만큼 사업이 안정되기 때문에 이와 같은 시스템 공급의 부수 효과는 매우 환영할 만하다.

애프터시장에 눈을 돌린다

불황기에는 새로운 고객 또는 OEM 시장은 확보하기 어렵지만 반면에 수리, 수선, 교체, 수리용 부품, 애프터서비스 등 이른바 '애프터시장'은 오히려 활기를 띨 수 있다.

자동차 타이어는 신차를 살 때뿐만 아니라 오래 써서 닳은 타이어를 교체할 때도 필요하다. 실제로 타이어 애프터시장의 크기는 신차 타이어시장의 약 3배다. 프랑스의 타이어회사 미쉐린Michelin은 2008년에 신차를 위한 신규시장, 즉 일차시장first market에서 9,100만 개의 타이어를 팔았고, 애프터시장에서는 2억7,700만 개를 팔았다. 난방시설 시장도 비슷하다. 난방시설의 수명이 20년이라고 가정하면, 매년 전체 난방시설의 5퍼센트가 교체되어야 한다.

신규시장이 침체하거나 성장률이 낮으면, 기업은 당연히 더 많은 자원을 애프터시장에 투입해야 한다. 이 주제에 대해 BMW의 영업 담당 임원 이언 로버트슨Ian Robertson은 다음과 같이 말한다.

"우리는 오래된 차종을 보유한 고객을 우리 정비공장에 더 많이 끌어들이고자 합니다. 이것은 우리의 새로운 전략에서 매우 중요한 부분입니다. 지금까지 우리의 정비 서비스는 주로 최신 모델을 보유한 고객에게 초점을 맞췄습니다. 4년 이상 된 BMW 모델을 보유한 고객은 대체로 체인 정비업체나 독립 정비업체를 찾아갔습니다. 이런 일은 앞으로 바뀔 것입니다."[52]

이러한 전략이 옳은 방향이라는 사실은 미국의 예비부품 시장에서도 확인되고 있다. 고객들이 새로 자동차를 구입하는 대신 타던 차를 더 오랫동안 보유하기 때문에 이 업계의 대부분의 회사들은 매출과 이익을 크게 늘릴 수 있었다. 예를 들어 미국 최고의 자동차 부품회사인 오토존Auto Zone은 위기가 지나간 후에 아주 좋은 성과를 올렸다. 단열재를 생산하는 독일의 인줄라 테라Insula Terra라는 회사는 신규 건축 물량이 줄어들자 기존 건물을 리모델링하는 사업에 힘을 기울이고 있다. 한국에서나 해외에서나 에너지 절약에 대한 관심이 더욱 커지고 있으므로 우리는 이 시장의 전망이 꽤 밝다고 생각한다.

최초 제품 구매와 애프터시장에서의 구매를 솜씨 있게 연결하면 기업은 애프터시장의 잠재력을 더욱 잘 활용할 수 있다. 예를 들어 기업이 교차 판매cross selling와 묶음 판매bundling 같은 기법들을

잘 쓰면 신규 제품시장에서의 구매가 애프터시장에서의 구매로 이어지도록 할 수 있다.[53]

어떤 회사가 제품과 서비스를 매력적으로 결합한 제품 다발 product bundle 을 판매하면, 이 회사와 서비스 계약을 맺는 고객들의 비율이 높아질 공산이 크다. 그러면 이 회사의 서비스 매출과 서비스 수익이 모두 올라갈 것이다.

수익이 안 나는 시장을 피한다

어려운 시기에는 이른바 '핵심이 빈 시장'을 피하는 것도 중요하다. 시장의 핵심 core of a market 이라 함은 모든 경쟁사가 이익을 내면서 활동할 수 있는 경쟁 구도를 말한다. 따라서 어느 시장의 핵심이 비어 있다면, 전체적으로 그 시장에서는 돈을 벌 수 없다. 그러나 그런 시장에서도 개별 기업들이 이익을 낼 수 있는 가능성은 물론 있다.

우리는 현대 시장들의 상당수가 아쉽게도 핵심이 비었다고 생각한다. 텔레커뮤니케이션, 멀티미디어, 관광, 항공 여행, 자동차 임대, 텔레비전 시장의 일부, 컴퓨터 산업 등이 잠재적으로 그런 시장에 속한다.

도대체 이런 시장들은 현재 어떤 상황에 있는가? 지난 몇 년 동안 미국의 대다수 대형 항공사들과 유럽의 일부 항공사(스위스의 스위스에어Swissair, 벨기에의 사베나Sabena, 이탈리아의 알리탈리아Alitalia) 들은 지불 불능 상태에 빠졌거나 합병되었다. 한때 번창했으나 지금은 이미 빛이 바랜 인터넷 회사는 부지기수다. 관광업계나 소매업계에서도 몇 년 전부터 많은 회사들이 아주 적은 수익밖에 못 올리고 있다. 사람들은 새로운 시장이나 사업을 열광적으로 받아들이는 경향이 있다. 이동통신이 그 좋은 사례다. 우리는 언젠가 언론에서 이동통신 사업을 '황금알을 낳는 거위'로 표현하며 장밋빛 전망을 쏟아내던 시절을 아직 생생하게 기억한다. 그러나 오늘날 세계 이동통신업계의 현실은 훨씬 더 썰렁하다. 이 업계는 지난 몇 년 동안 수십억 달러의 액수를 장부에서 지워야 했으며 SK텔레콤, KT, LG U⁺ 같은 통신회사들은 더 많은 고객을 얻으려는 경쟁을 치열하게 벌이고 있다.

'미래의 시장'이라고 불리는 것들의 상당수가 불편한 진실을 간직하고 있다. 처음에 예상했던 만큼 수요가 빨리 늘어나지 않는 것이 으뜸가는 문제가 아니라, 더 심각한 문제는 경쟁과 경쟁의 강도를 흔히 잘못 판단한다는 것이다. 예를 들어 항공여행 시장이 성장하지 않는다는 말이 아니다. 지난 10년간 이 시장은 성장했다. 그러나 늘 더 공격적인 경쟁사가 시장에 들어오고, 그래서 치열한 가격전쟁이 그치지 않는다. 공급이 수요보다 항상 더 빨리 늘어난다. 그래서 가장 뛰어난 항공사조차 수익률이 보잘 것 없다.

이러한 현상을 일으키는 가장 중요한 동인은 새로운 제품과 서비스의 빠른 (비차별화된) 일반상품화 commoditization 다. 많은 분야에서 효과적인 특허 보호는 없다. 그래서 오늘날 대부분의 고객들은 PC, 휴대폰, 항공사, 자동차 임대회사, 인터넷에서 판매되는 상품들, 신용카드, 호텔 등은 제품 간에 큰 차이가 없고 따라서 쓰고자 하는 상표를 바꾸어도 상관이 없다고 생각한다.

한계비용 marginal cost 이 매우 낮은 것도 핵심을 비게 하는 또 하나의 중요한 요인이다. 일단 공급시설이 완성되면 한계비용은 0에 가깝다. 전화 통화 한 번 하는 데 드는 추가비용은 무시할 수 있을 정도다. 반면에 항공기의 빈 좌석, 전화망에서 활용되지 않은 시간은 모두 영원히 잃어버린 돈이다. 추가적인 호텔 침대, 은행 거래, 소프트웨어 한 단위, 인터넷 통화, 휴가일 vacation day 등도 비슷한 사정이다.

이러한 원가 상황 때문에 공급시설이 남아도는 경쟁사들은 필연적으로 가격을 낮추려고 한다. 그러나 가격을 내려도 전체 수요가 늘어나는 경우는 거의 없고, 그 대신 업계의 전반적인 가격 수준이 하향곡선을 그리게 된다. 그 결과 원가경쟁력이 아주 뛰어난 극소수 회사들을 빼고는 모든 경쟁사가 적자를 내는 상황이 벌어진다. 이러한 곤경에서 빠져나오려는 시도는 대체로 실패하는데, 그 까닭은 가격을 낮춤으로써 남는 시설을 활용하려는 경쟁사가 꼭 나오기 때문이다.

미국 MIT미디어연구소의 니콜라스 네그로폰테 소장은 텔레커뮤니케이션과 인터넷과 관련하여 이렇게 말한다.

"그곳은 가격 전쟁을 벌이고 있는 항공업계보다 사정이 더 안 좋다."

이동통신회사, 전화회사, 케이블TV 운영회사, 인터넷 회사 등 이 업계에서 활동하는 각종 다양한 회사들은 모두 자사 외의 (이 업계의) 모든 회사들과 싸우는 것이 (이 업계의) 경쟁의 양상이다.

또 고객관계의 자동화도 핵심을 속 빈 강정으로 만들고 있다. 금융기관과의 거래나 여행을 가기 위한 모든 예약이 스크린 위에서만 행해진다면, 충성심을 높이는 요소로서의 개인적인 관계도 그 중요성을 잃게 된다. 고객은 어떤 업체와 거래하든 마찬가지이므로, 그는 주로 가격을 보고 결정한다.

자신이 거래하는 은행의 홈페이지와 개인적 관계를 갖고 있는 사람이 있을까? 콜센터나 인터넷만을 통해 서비스회사와 거래하는 사람은 담당자를 개인적으로 아는 고객보다 더 쉽게 거래회사를 바꾼다. 물론 고객을 개인적으로 돌보는 작업은 돈이 많이 든다. 그러나 고객을 위한 그러한 정성이 회사에 가져다줄 수 있는 잠재적 편익을 경영자는 결코 과소평가하지 말아야 한다. 고객과의 관계가 자동화되면 될수록, 그들이 임의로 회사를 바꿀 위험은 더욱 커진다.

그러면 지금까지 우리가 논의한 내용의 시사점은 무엇인가?

- 새로운 시장을 평가할 때 지나친 낙관은 금물이다. 우리는 최대한 냉철하게 시장을 바라보아야 한다. 많은 '미래의 시장들'이 '수익이 안 나는 시장들'로 판명될 것이며 기대했던 낙원과는 정반대의 결과를 가져올 것이다. 따라서 경영자들은 남들이 미래의 시장이라고 부르는 분야에 손을 대는 것을 극히 조심해야 한다. 핵심이 비어 있다고 생각되면, 과감하게 미련을 버리는 것이 좋다.

- 새로운 시장의 제품·서비스가 빨리 평범한 일반상품으로 되는 경향이 있으므로, 시장 포지션을 일찍 차지하는 것이 중요하다. 시장에 나중에 들어오는 경쟁사가 특별한 이점을 제공할 수 없으면, 고객들은 선발기업과 계속 거래한다. 시장선도회사들의 상당수가 그들이 더 나은 회사이기 때문에 시장을 선도하는 것

이 아니다. 단순히 그들이 시장에 먼저 들어왔고 또 선점한 포지션을 줄곧 차지하고 있었기 때문에 시장선도회사의 지위를 유지하는 것이다.

- 일반상품commodity으로 전락할 위험이 크면 클수록 첫째는 원가가, 그리고 둘째는 아직도 남아 있는 차별화의 여지를 활용하는 것이 더욱 중요해진다. 그 악명 높은 항공업계에서도 사우스웨스트항공Southwest Airlines이나 라이언에어Ryanair처럼 계속 이익을 내는 회사들이 있다. '수익이 안 나는 시장'에 들어온 그러한 회사들은 항상 특수한 세분시장에 초점을 맞추거나 아주 낮은 원가로 운영되는 관리과정을 갖고 있다.

- 가능하면 고객과의 관계에서 개인적인 요소를 유지하는 것이 좋다. 이렇게 하기 위한 가능한 수단은 꽤 많다. 고객카드 또는 고객클럽을 통해 익명이었던 고객이 알려진 고객으로 바뀐다. 현대의 정보기술은 기업이 각 개인 고객에게 다가가서 맞춤형 가치를 제공할 수 있게 해준다. 또 특정 고객들을 회사의 특정 직원들에게 배정함으로써 고객의 익명화를 저지할 수 있다.

- 기업은 일반상품화에 대항하기 위해 세련된 가격정책을 구사할 수 있다. 독일 국영철도회사의 유명한 철도카드BahnCard는 모범적인 사례다. 철도카드를 구매해본 사람들은 철도와 자동차라

는 두 대안을 다르게 비교·평가한다. 묶음 가격, 복수고객 할인, 충성도 보너스 loyalty bonus 등도 비슷한 효과를 가져온다.

- 경영자는 일반상품화를 막기 위해 어느 정도의 부가서비스를 제공할 필요가 있는지 검토해야 한다. 서비스를 통한 차별화는 아직 커다란 잠재력이 있다. 그러나 여기서도 지나치게 부풀은 희망은 금물이다. 왜냐하면 고객이 부가서비스를 얻기 위해 지불할 용의가 있는 돈의 액수는 한계가 있기 때문이다. 그 밖에 경영자는 부가서비스를 제공하는 데 드는 비용에도 유념해야 한다.

미래의 시장에는 어느 때보다 더 '일반상품화'라는 찬바람이 불고 있다. 폭풍이 오면 낙원이 생길 수 없고 기껏해야 오아시스만 생긴다. 왜냐하면 폭풍은 이익을 날려버리고 남는 것은 '수익이 안 나는 시장'뿐이기 때문이다. 튼튼한 진지를 미리 일찍 쌓아놓고 경쟁의 무기를 정확히 목표를 향해 투입하는 회사만이 이러한 추세에 잘 맞설 수 있다.

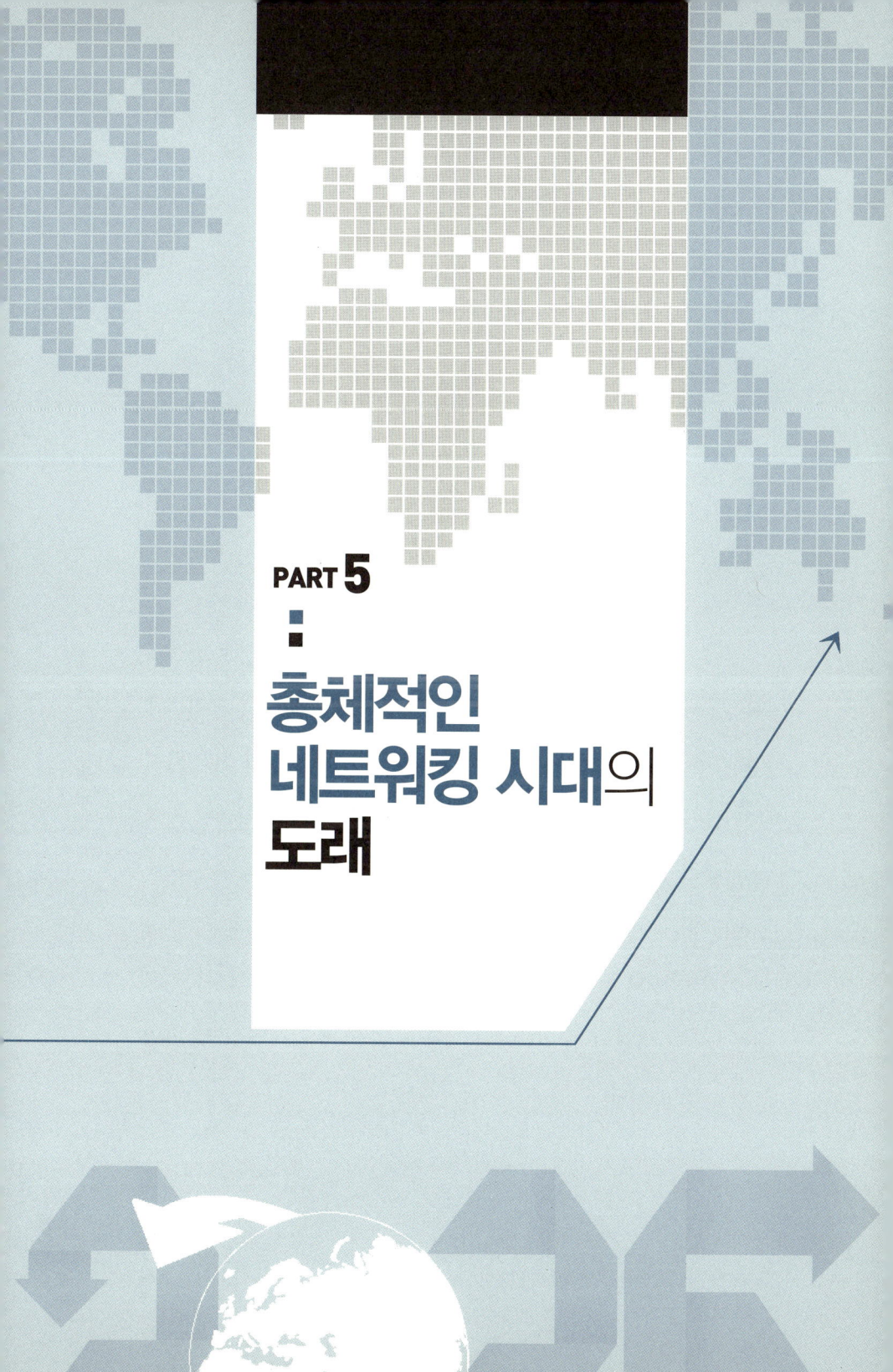

PART 5

총체적인
네트워킹 시대의
도래

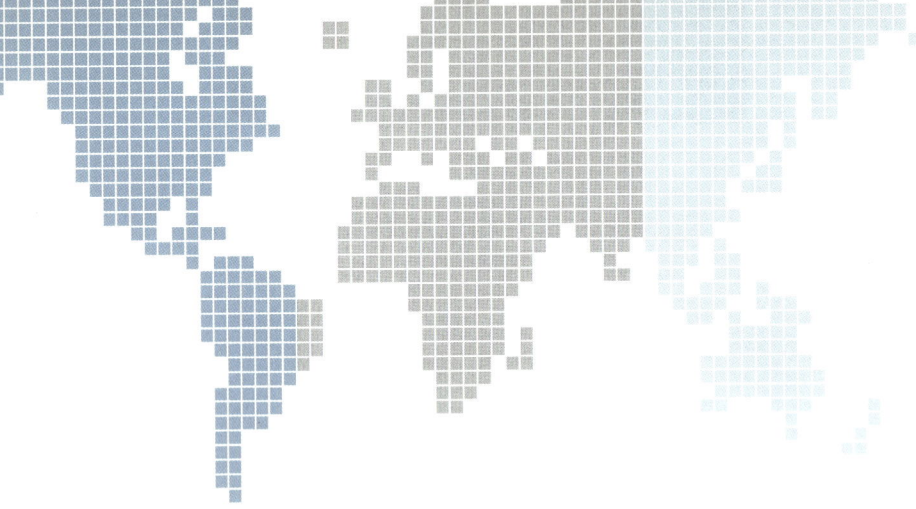

인터넷의
결정적인 특성

정보통신기술은 현대의 사회와 경제에 크나큰 변화를 가져왔다. 2000년 경에 있었던 이른바 '뉴 이코노미New Economy'에 대한 부푼 기대는 조금 지나친 면이 있었다. 당시를 되돌아보면, 사람들이 많은 것을 단순히 너무 일찍 기대했고 또 너무 빨리 진행될 것이라고 생각했다. 그러나 2005년 이후 인터넷 2.0이 시작되면서 인터넷은 또 다시 크게 발달하고 있다. 이 분야의 이러한 발달 추세는 앞으로 몇십 년 동안 계속될 것이라는 게 전문가들의 의견이다. 인터넷은 다음과 같은 매우 독특한 두 가지 능력을 갖고 있다.

- 얼마든지 많은 수의 수요자와 공급자를 서로 연결할 수 있다. 이 특성은 정보(네이버, 다음, 구글 등), 제품(옥션, 이베이 등)은 말할 것도 없고 서비스와 사람에도 적용된다.
- 디지털 제품은 0에 가까운 한계비용으로 배포될 수 있다.

이 사실은 예나 지금이나 다름이 없다. 지난 10여 년간 인터넷 분야에서 이루어진 발전을 되돌아보면, 디지털 제품의 배포와 네트워킹이 인터넷의 결정적인 능력이라는 사실이 아주 뚜렷이 드러난다. 그런데 현실에서는 흔히 이 두 측면이 서로 밀접한 관계가 있다. 둘 중에서는 네트워킹 분야에서 더 큰 진척이 있었으며, 우리는 이제 '총체적인 네트워킹의 시대'에 다가가고 있는 듯하다. 반면에 인터넷을 통한 디지털 제품의 배포는 15년이 지난 후에도 본격적으로 궤도에 오르지 않았다. 가장 큰 걸림돌은 고객이 디지털 콘텐츠에 대해 돈을 지불할 마음이 없다는 것이다. 그러나 아마 이것도 달라질 것이다. 우리는 앞으로 몇 년 안에 이 분야에 크나큰 변혁이 있으리라고 예상한다.

인터넷이 궁극적으로 기업 경영, 경제, 사회에 어떤 영향을 끼칠지는 아직도 불분명하다. 인터넷이 우리의 삶에 미치는 영향을 우리는 이제 막 느끼기 시작했다고 해도 지나친 말이 아니다. 10년 전 또는 15년 전에도 우리는 앞으로 올 혁신에 대해서 예측할 수 없었고, 그것은 지금도 마찬가지다. 구글, 위키피디아Wikipedia, 페이스북, 트위터, 플리커Flickr 같이 오늘날 널리 보급된 인터넷 서비스는 모두 2001년 이후에 나타났다. 그러나 휴대용 인터넷 패드portable internet pad는 CEBIT[54]에서 이미 2001년에 소개되었다. 오늘날 우리는 이것을 태블릿 컴퓨터Tablet Computer, TC라고 부른다. TC에 관한 아이디어는 미국 제록스Xerox의 기술자 앨런 키Alan Key가 이미 1960년대에 개발했다고 한다.[55] 그 후 2010년 4월 애플이 아이패드iPad라는 이름의 TC로 시장에 돌풍을 일으키기까지 얼마나 많은 시간이 걸렸는가를 생각하면 그저 놀랍기만 하다.[56]

이 사례가 주는 시사점은 다음과 같다. 첫째, 기술 혁신이 정착하기까지는 상당한 시간이 걸린다. 둘째, 인터넷의 독특한 능력을 잘 활용하려면 적합한 매체와 기술이 전제조건으로 필요하다. IT 시장조사회사 가트너Gartner에 따르면, 지난 2010년 전 세계에서 3억7,600만 대의 컴퓨터가 팔렸고 그 총액은 2,050억 달러였다고 한다. 이 가운데 시장에 막 나온 TC의 판매량은 1,000만 대에 불과했다. 그러나 이듬해인 2011년 4/4분기에 애플은 아이패드를 매달 1,500만 대나 팔았다. 인터넷을 더 광범위하게 이용하기 위해서는 적합한 하드웨어의 보급이 필수다.

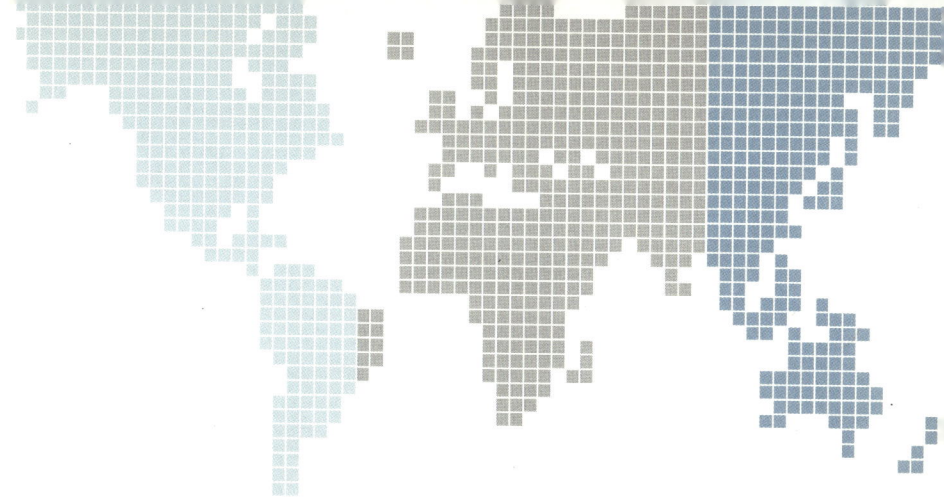

디지털화가 가져오는
유통의 마진

우리가 인터넷이 주는 편익을 잘 이해하려면 디지털 상품 또는 디지털화할 수 있는 상품과 비디지털 상품을 구분해보는 것이 좋다. 또 하나의 차원은 한 제품에 대한 고객 수 또는 거래건수의 수치다. 이 둘의 효과는 비슷하다. 〈그림 5-1〉은 네 가지의 가능한 조합을 보여준다. 인터넷의 효용은 왼쪽 위에 있는 사분면(많은 고객/거래-디지털/디지털화할 수 있는 제품)에서 가장 크고, 오른쪽 아래(소수의 고객/거래-비디지털 제품)에서 가장 작다. 다수의 제품 또는 서비스는 부분적으로 디지털화할 수 있다. 예를 들어 의료서비스를 보면 의사의 진찰과 조언은 대부분 디지털화할 수 없다. 그러나 진단에 관한 한 엑스레이 사진의 해독

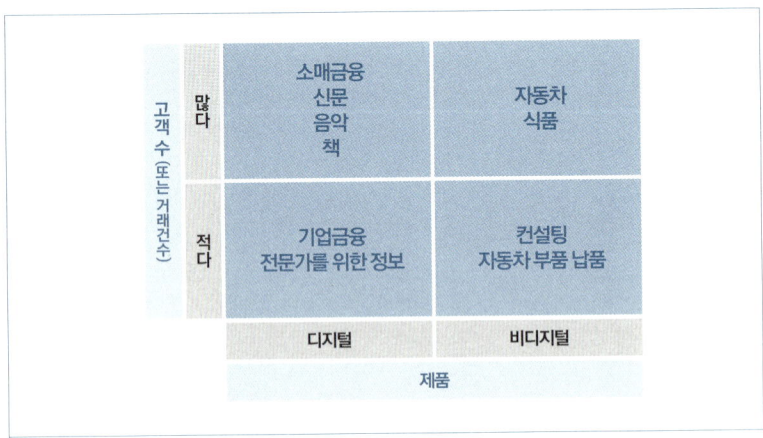

〈그림 5-1〉 고객의 수와 디지털화 가능 여부에 따른 제품의 분류

같은 어려운 일도 인터넷을 쓰는 전문가들이 이미 많이 하고 있다. 제품 영역에서도 이와 비슷한 중간 상황이 있다. 즉 제품의 결함을 찾아내고 그것을 제거하는 것을 많은 경우 인터넷으로 할 수 있다. 반면에 부품 교환은 디지털화할 수 없다. 그러나 이러한 평가는 시간이 지나면서 달라진다. 전자책이 없었던 2000년대 초기만 하더라도 종이책은 이 그림의 오른쪽 위 사분면에 있었다. 오늘날 종이책이 왼쪽 위에 속한다는 것은 두말할 나위도 없다.

디지털 제품의 유통이 가장 발달한 분야는 음악이다. 그리고 그렇게 된 데는 애플의 공로가 크다. 한국의 삼성전자는 이미 2000년에 음악을 저장하고 들을 수 있는 제품을 만들었다. 그것은 애플의 아이팟iPod과 비슷한 제품이었지만 쓰는 방법이 훨씬 복잡했다. 게

다가 그것은 음악 콘텐츠를 살 수 있는 시스템도 갖추고 있지 않았다. 얼마 안 되어, 즉 이듬해인 2001년에 애플은 음악 유통의 혁명을 일으킨 아이팟과 아이튠즈iTunes를 시장에 내놓았다. 2010년까지 애플은 약 60억 개의 음악작품을 팔았다.

애플의 큰 성공을 어떻게 설명해야 할까? 아마도 여러 요인이 합쳐져서 그런 결과가 나온 듯하다. 사용의 간편함, 디자인, 상표, 콘텐츠 구입의 용이함[57], 투명한 가격체계와 싼 가격, 애플 제품의 컬트 브랜드cult brand[58]적 성격 등이 성공요인이 아닌가 한다. 애플이 2007년 1월에 아이폰iPhone을 내놓았을 때도, 2010년 4월에 아이패드를 내놓았을 때도 비슷한 현상이 일어났다. 즉 개별 제품만 팔린 것이 아니라 유료 또는 무료로 얻을 수 있는 수많은 '앱application'도 함께 발매된 것이다.

애플의 전략은 인터넷을 통한 디지털 제품 유통의 전범이 되었다. 애플이 워낙 큰 성공을 거두는 바람에 이 회사의 시가총액은 2010년 5월에 마이크로소프트의 시가총액을 능가했다. 이러한 모든 것은 인터넷을 통한 디지털 제품의 유통이 얼마나 어마어마한 잠재력이 있는지 보여준다.

그러나 디지털 제품 유통의 발전은 아직 초기 단계다. 왜냐하면 이미 디지털 제품을 생산하고 있거나 현재의 제품을 디지털화할 수 있는 많은 업계가 이러한 기회를 아직 경제적 성과로 연결하지 못하기 때문이다. 대표적으로 그러한 분야는 책과 신문이다. 애플이 그렇게 잘 활용한 성공요인을 다른 회사 또는 다른 업계가 성공적으로 적용하는 것은 결코 쉽지 않아 보인다.

종이책의
좁아지는 입지

2010년 2/4분기 이후 아마존Amazon은 전자책e-book을 종이책보다 더 많이 팔고 있다. 2010년 상반기 이 회사의 전자책 판매는 1년 전 같은 기간 동안의 판매보다 세 배 이상 많았다.

독일의 종합미디어그룹 베텔스만Bertelsmann의 출판사인 랜덤하우스Random House에 따르면, 2010년 이 회사가 미국에서 올린 매출액 중 전자책의 비중은 8퍼센트였다. 이것이 2015년에는 25~50퍼센트에 달할 것이라고 한다.[59] 전자책을 읽으려면 독서용 기기가 필요하다. 아마존의 킨들Kindle은 바로 그러한 독서용 기기다. 그래서 킨들을 출시한 아마존은 전자책 시장을 창출했다는 말을 듣고

213

있다.⁶⁰ 킨들은 2010년 중반까지 약 330만 대가 팔렸으며, 2011년 12월에는 매주 100만 대가 팔렸다. 2010년 4월에 나온 아이패드는 첫 석 달 동안에 약 300만 대가 팔린 바 있다. 또한 여러 전자회사들이 이-리더e-reader를 내놓고 있다. 만일 1억 또는 수억 대의 이-리더가 보급되면 전자책의 판매가 얼마나 많이 늘어날지 상상하기는 그다지 어렵지 않다. 해외의 어떤 잡지는 이-리더의 값이 50달러가 되면 대중을 위한 독서 기기가 될 것이라고 예측했다.⁶¹ 2010년 중반 이후 킨들의 가격은 140달러 정도다. 따라서 이것이 휴대전화나 스마트폰처럼 완전히 대중화되려면 아직 몇 년 더 걸릴 것으로 보인다. 그러나 이 시장이 이미 완전히 대중화하는 방향으로 가고 있는 것은 확실하다.

앞으로 종이책과 전자책의 관계가 구체적으로 어떻게 전개될 것인지는 예측하기는 어렵다. 그러나 종이책의 입지가 좁아질 것만은 분명해 보인다. 미국 제2의 서점 체인이었던 보더스Borders는 2011년에 파산했으며, 백과사전 또는 어학사전 같은 종이사전 시장도 쇠퇴하고 있다. 2012년 3월 12일 브리태니커 백과사전은 종이 백과사전의 발간을 중지했다. 이 회사는 1990년에 백과사전 12만 질을 팔았는데, 2010~2011년에는 판매량이 8,000질로 떨어졌다. 반면에 레오Leo.org 같은 무료 번역 서비스 사이트는 큰 인기를 끌고 있으며, 하루에 평균 400만 명의 방문객이 이 사이트를 이용한다고 한다.[62] 어느 출판사 직원은 레오의 활용과 그것의 편익에 대해 다음과 같이 말한 바 있다.

"저는 레오를 하루에도 몇 번씩 이용합니다. 영어·프랑스어뿐만 아니라 스페인어 번역에도 씁니다. 어떤 때는 스페인어 문장을 제대로 썼는지 빨리 검토하고 싶을 때도 이것에 의존합니다. 그러면 2~3분 내에 여러 개의 답변을 받습니다. 어떤 사전도 이렇게 해줄 수는 없습니다."

이런 말을 들어보면 출판계는 앞으로 커다란 변혁에 부딪힐 것으로 보인다. 인터넷은 전통적인 종이책의 판매를 위협할 뿐만 아니라 출판업의 경제적 여건을 근본적으로 뒤흔들고 있다. 디지털 유통의 세계에서는 고전적인 책의 인쇄와 지금까지 해왔던 방식의 물류·배송이 없다. 그래서 원가가 크게 절약된다. 이러한 원가 절감 혜택이 고객에게 얼마나 돌아갈지는 조금 두고 보아야 할 듯하다. 그러나 장기적으로 전자책 가격이 전통적인 종이책 가격보다 훨씬 싸질 것은 틀림없다.

기존 출판계를 위협하는 또 하나의 요인은 더 많은 저자들이 책을 스스로 출판하려고 한다는 것이다. 그들은 인터넷 덕분에 출판사의 도움 없이도 독자에게 다가갈 수 있다. 이렇게 책을 직접 출판하는 저자들 중 몇 명은 이미 엄청난 판매 성과를 올렸다. 상황이 이렇다 보니 많은 저자들은 전통적인 출판사들이 도대체 어떤 가치를 창출하는가 하는 질문을 던지고 있다. 출판사들은 이러한 질문을 아주 심각하게 받아들이고 이에 대한 답변을 빨리 준비해야 할 것이다. 그렇지 않으면 몇 년 안에 회사가 없어질지도 모른다. 전자책과 종이책은 분명히 공존할 것이다. 그러나 장기적으로 볼 때 종이책은 이 공존 관계에서 하급자의 역할을 할 것으로 생각된다.

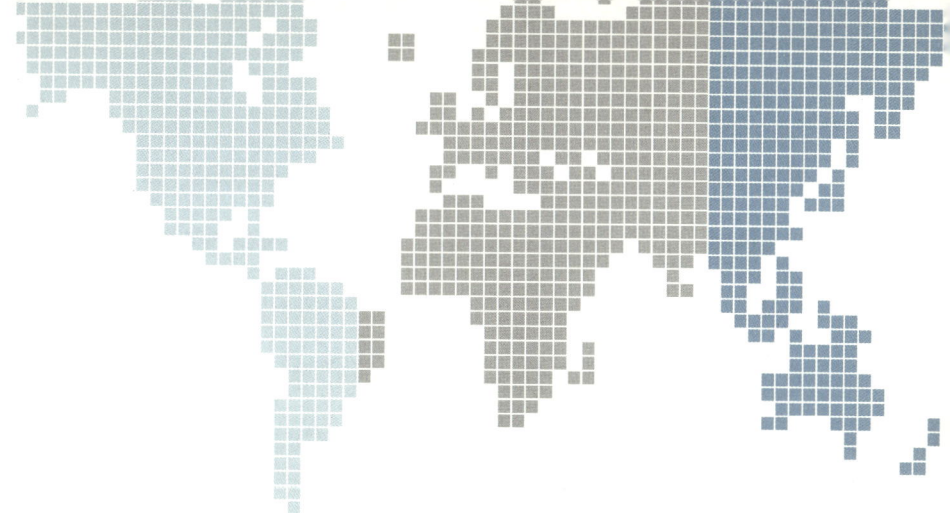

신문의 운명

매일 아침 반갑게 배달되는 두툼한 신문이 앞으로도 계속 존재할까? 일단 기성세대는 아침식사를 하면서 신문 대신 PC나 스마트폰을 들여다보기를 원하지는 않을 것이다. 그들은 분명히 인쇄된 신문을 선호한다. 그러나 그들은 아침마다 신문 배달에 소요되는 어마어마한 인쇄비와 배송비에 크게 관심을 쏟지는 않는다. 또 그들은 매일 신문을 봄으로써 1년에 종이가 얼마나 없어지는지 상관하지 않는다.

한국의 경우 평일에 배달되는 신문의 무게는 300~400그램 정도다. 가령, 〈조선일보〉의 1일 발행부수는 약 180만 부이므로 하루에 무려 540~720톤의 종이를 소모한다. 그래서 만일 집에 있는 기계로 (전자종이로 된) 신문을 매일 뽑아서 볼 수 있으면 그들은 그런 방안을 선호할 것이다. 그들은 디지털 세대에 속하지 않기 때문에 손에 신문을 들고 아침 식탁에 앉는 일에 익숙하다. 만약 그런 기계가 나오면 우선 편리하고 많은 자원이 절약될 뿐만 아니라, 그들이 평소에 하던 방식대로 신문을 읽을 수 있을 것이다.

그러나 이러한 과정은 생각보다 오래 걸리는 경향이 있다. 스티브 잡스 Steve Jobs 는 2006년에 "앞으로 5년 후에는 신문이 모두 사라질 것이다"라고 예언한 바 있다. 과연 2012년에 미국의 몇몇 신문들과 프랑스의 〈스와르 Soir〉, 〈라 트리뷘 La Tribune〉이 종이 신문의 제작을 중단하는 등 신문의 퇴조는 계속되고 있지만, 현재까지는 잡스의 예측이 틀린 것만은 틀림없다.

또한 신문 구독의 행태가 세대마다 많이 달라졌다. 즉 기성세대는 위에서 언급한 바와 같이 접거나 말 수 있고 가볍게 갖고 다닐 수 있는 전자신문을 선호하겠지만, '디지털 토박이들 digital natives'로 불리는 젊은 세대는 그렇지 않다. 그들은 기성세대의 행동습관을 이어받지 않는다. 그럼에도 불구하고 우리는 아이패드 같은 기기가 '가정용 신문 기계'로 가는 중간 형태로 볼 수 있지 않을까 한다. 신문을 대체할 기기의 모양이 궁극적으로 어떤 형태를 띨지는 아직 말하기 어렵다.

신문의 운명을 논의할 때 경제적 측면을 소홀히 다루어서는 안 된다. 왜냐하면 고전적인 종이신문이 서서히 밀려나는 결정적인 이유가 바로 경제성이기 때문이다. 우리가 매일 아침 집에서 신문을 받아보려면 상당한 비용이 든다. 대형 윤전기를 돌려 인쇄해야 하고, 밤마다 시간에 쫓기면서 대규모 수송·배달 작전을 펼쳐야 한다. 이러한 과정이 신문 원가의 약 80퍼센트를 차지한다. 그러나 독자들이 원하는 것은 '정보'뿐이다. 인터넷은 바로 이 정보를 훨씬 더 싼 형태로 제공할 수 있는 길을 열어준다. 그러나 그렇다고 해서 편집이 필요 없어지지는 않는다. 우리는 여전히 넘치는 정보를 분류·정리해주고 요긴한 정보를 산뜻하게 제공해주는 사람이 필요하다.

인터넷에서는 정보가 기존의 종이 매체에서 보던 것과는 다른 형태로 제시될 것이다. 또한 인터넷은 상호작용, 개인화된 맞춤형 신문, 반응의 측정 등의 새로운 가능성을 열어준다.

인터넷은 또 기존 매체보다 더 광범위한 내용을 담을 수 있다. 누구든지 아무 내용이나 인터넷에 띄울 수 있기 때문이다. 이것은 주로 블로그를 통해서 행해진다. 이미 수많은 팬을 거느리고 스타의 지위에 오른 블로그가 많이 있다. 그뿐만 아니라 전통적인 매체에서는 절대로 다루지 않았을 정보를 공개하는 특수 사이트도 있다. 가장 유명한 사이트가 바로 위키리크스Wikileaks다. 2007년에 생긴 이 사이트는 비밀 정보를 공개하는데, 특히 2010년 4월에 '부수적 살인Collateral Murder'이라는 제목의 38분짜리 비디오 파일을 공개하여 전 세계적으로 유명해졌다. 이 파일에는 2007년 이라크에서 〈로이터〉 소속 현지 기자와 주민들이 미군 헬리콥터의 오인 공격으로 숨지는 장면이 생생하게 담겨 있었다. 2010년 7월 26일 위키리크스는 9만 1,000건 이상의 펜타곤(미국 국방부) 비밀문서를 인터넷에 띄웠다. 이어서 2010년 11월 말에는 미국 대사관 비밀문서 약 25만 건을 공개했다. 위키리크스는 인터넷이 얼마나 투명성을 많이 높여주는지를 잘 보여준다.

그러나 이 사례는 또한 해커들hackers로부터 올 수 있는 위험을 암시해주기도 한다. 현재의 컴퓨터 시스템은 이러한 위험으로부터 거의 보호받지 못하고 있다. 또한 어떤 나라의 정부도 그러한 정보 활동을 저지하기 힘들 것으로 보인다. 인터넷은 국제적이며, 세계의 대다수 정부의 세력 범위는 해당 국가에 국한된다.

또한 인터넷에서는 신문의 새로운 경쟁자들이 나타난다. 그 좋은 보기가 미국의 블로그 뉴스 사이트 〈허핑턴포스트Huffington Post〉다. 〈허핑턴포스트〉는 이미 2011년 5월에 한 달 방문자 수가 3,560만 명에 달하여 3,360만 명이 방문한 〈뉴욕타임스NYTimes.com〉

를 누르고 미국 주요 뉴스 사이트 가운데 가장 많은 방문자 수를 기록했다.[63] 블로그 뉴스 사이트가 주요 언론사를 제치고 1위를 차지한 것은 이때가 처음이었다. 〈타임Time〉은 2006년에 이 사이트의 설립자 아리아나 허핑턴Arianna Huffington을 세계에서 가장 영향력이 큰 100명 중 한 사람으로 선정했다.[64] 또 독일 최대 일간지 〈프랑크푸르터 알게마이네 자이퉁〉은 〈허핑턴포스트〉가 이제 세계 유수의 뉴스 포털이 되었다고 보도한 바 있다.[65]

다른 보통 신문과 달리 〈허핑턴포스트〉는 무료다. 독자가 인터넷에서 정보를 공짜로 얻을 수 있다는 사실은 잡지와 신문이 직면한 아주 커다란 문제다. 고객이 인터넷 정보에 대해서 얼마만큼 지불할 용의가 있는가, 그리고 인터넷 정보에 걸맞은 가격 구조는 어떤 형태여야 하는가 등의 질문에 대한 대답을 우리는 아직 모른다. 대부분의 신문사들은 아직까지 인터넷 정보를 공짜로 제공하고 있다. 미국의 〈월스트리트저널〉과 〈뉴욕타임즈〉, 독일의 〈빌트Bild〉 등이 유료 온라인 기사를 팔고 있었는데, 최근에는 〈보스턴 글로브〉와 〈인터내셔널 해럴드 트리뷴〉도 온라인 뉴스 유료화 모델을 도입했다. 그러나 독자들이 인터넷에서 쓸 만한 정보를 거저 얻을 수 있는 한, 높은 가격을 부과하기는 무척 어려울 것이다.

그러나 대부분의 신문사는 결국 온라인 기사 유료화의 길을 걸을 수밖에 없을 것이다. 왜냐하면 신문사는 인터넷 광고만으로는 버틸 수 없기 때문이다. 또 원가가 많이 절감되기 때문에 인터넷 신문 구독료는 기존의 종이신문 구독료보다 훨씬 쌀 수밖에 없다. 아마도 꽤 오랜 기간 동안 인쇄된 신문과 온라인판이 함께 발간될 것으로 생각된다. 그러다가 종이신문을 읽는 기성세대가 모두 세상을 떠나면 그것도 같이 사라질 것이다.

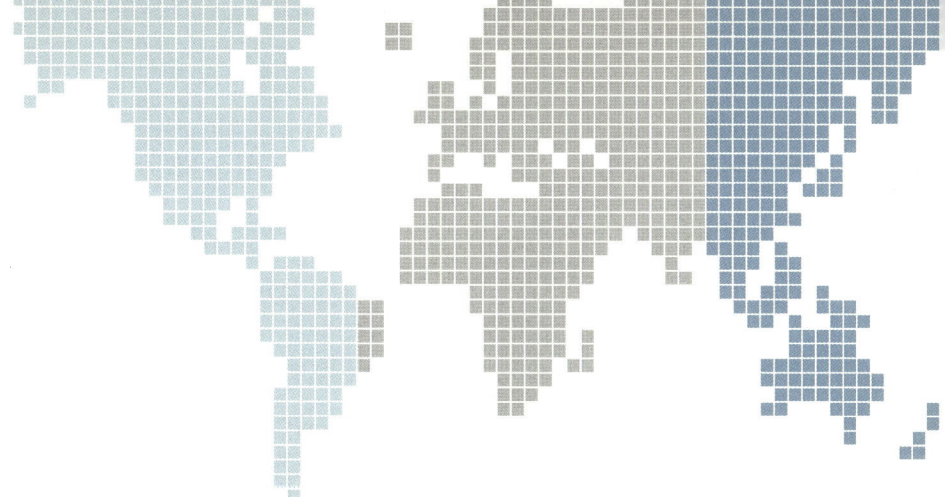

인터넷 세계에
성공적으로 진입하기

아마존은 인터넷서점으로 출발했으며 지금은 수백만 권의 서적을 판매한다. 기존의 어떤 대형서점도 이렇게 방대한 양의 책을 재고로 보유하지 못한다. 그뿐만 아니라 아마존은 편리하게 집까지 책을 배달해주며 영업시간도 전혀 제한이 없다. 이 말의 뜻을 앞의 210쪽 〈그림 5-1〉과 관련지어 이야기하면 다음과 같다. 초기에 아마존은 이 그림의 오른쪽 윗칸에 있었다. 그러나 지금은 전자책을 비롯한 각종 디지털 제품도 팔고 있으므로 이 회사는 이제 왼쪽 윗칸에도 있으며, 그렇게 함으로써 비로소 완전히 인터넷 세계에 들어온 것이다. 오늘날 아마존은 엄청난 구색을 갖춘 인터넷 판매회사다. 기존의 전통적인 통신 판매회사가 인터넷 판매회사로 성공적으로 변신하기는 쉽지 않다. 유럽에서는 크벨레Quelle나 넥커만Neckermann 같은 회사는 그렇게 전환하지 못했고 오토Otto는 그런 어려움을 극복하고 세계적인 인터넷 소매상이 되었다.

온라인 학습시장에도 매우 큰 변혁이 일어나고 있다. 누구나 모든 분야에서 배울 수 있는 가상학교들이 생겨나고 있다. 시간적으로 그리고 공간적으로 가르치는 쪽과 배우는 쪽이 분리되고 있는 것이다. 이러한 변화는 전혀 새로운 여러 가능성을 열어주고 있다.

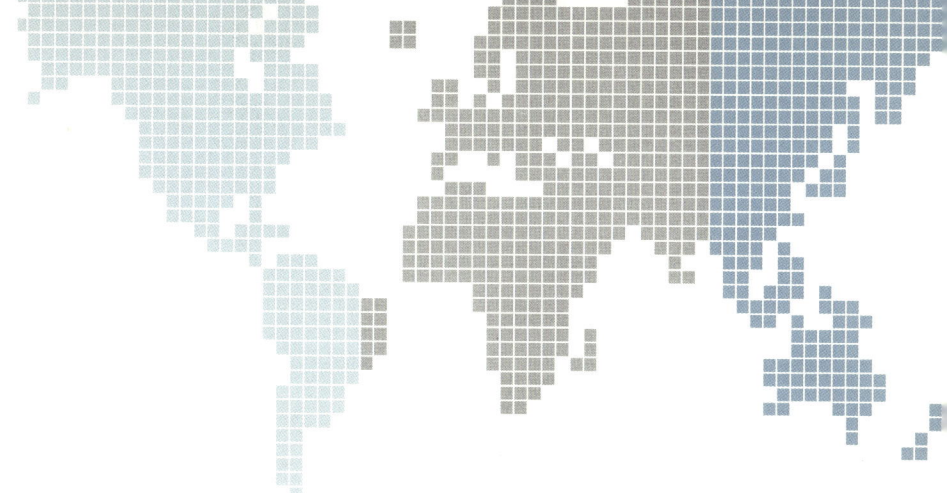

인터넷의 네트워킹 능력은 시장의 핵심기능과 통한다

디지털 제품의 유통과 네트워킹이라는 인터넷의 중요한 두 가지 능력 가운데 장기적으로 어느 것이 더 중요해질지는 아직 모른다. 현재까지는 애플 같은 회사가 있음에도 불구하고 네트워킹 쪽이 더 발달해 있다. 구글, 이베이 eBay, 페이스북, 위키피디아 같은 인기 있는 인터넷 사이트들은 모두 인터넷의 네트워킹 능력을 활용하고 있다.

지난 2000년 인터넷 1.0 붐이 한창일 때 《웹 강령 95 The Cluetrain Manifesto》라는 좋은 책이 나온 바 있다. 이 책에서 저자들은 16세기에 종교개혁을 감행했던 마르틴 루터 Martin Luther 의 '95개조 항의문'을 흉내 내어 인터넷에 관한 95개의 혁명적인 명제 proposition 를 제시하고 있다. 아래의 문장은 이 책의 핵심 내용을 잘 요약하고 있다.

"세계를 아우르는 거대한 담론이 시작되었다. 인터넷을 통해 사람들은 눈부신 속도로 관련 지식을 공유하는 새로운 방법을 발견하고 또 창안해내고 있다. 그 직접적인 결과로 시장은 더 똑똑해지고 있다. 대부분의 회사들보다 시장이 더 빨리 똑똑해지고 있다."

그들은 또 이렇게 예언했다.

"인터넷은 인간이 이야기하는 것을 즐기던 선사시대로 우리를 되돌아가게 한다. 인터넷은 기업들이 그 위에 억지로 얹으려고 하는 경영모델과 썩 잘 어울리지는 않는다. 그러나 인터넷은 여러 면에서 고대의 시장, 즉 바자 bazaar를 많이 닮았다. 인터넷은 모든 참가자들이 서로 이야기를 나눌 수 있는 만남의 장소다."[66]

10여 년이 지난 오늘날 우리는 이 저자들에게 선견지명이 있었다고 말할 수 있다. 또 마켓워치 MarketWatch라는 회사를 설립한 래리 크래머 Larry Kramer는 2010년에 아래와 같이 말한 바 있다.

"우리는 지금 구텐베르크 Gutenberg 시대와 비슷한 상황에 처해 있다. 즉 모든 것이 극적으로 달라지고 있다. 이야기를 전달하는 모든 과정이 변하고 있다. 소비자의 행동이 어떻게 바뀔지는 완전히 미정이다. 사람들이 현재 보여주는 행동방식이 지속될 것이라고 생각하지 말라. 소비자 행동에 주목하라. 미리 대처하라."[67]

인터넷의 네트워킹 능력은 수요와 공급을 연결한다는 시장의 가장 중심 기능과 관련된 것이다. 기존의 시장의 개념은 물건을 팔려는 사람들과 사려는 사람들이 서로 만나는 장소 이상의 것이었다. 그에 못지않게 중요한 것은 그들이 만나는 장소에서 서로 의견을 교환한다는 사실이다. 오늘날 인터넷은 바로 이러한 기능들을, 그것도 공간과 시간의 제약 없이 수행하고 있다.

이베이는 처음에는 중고 제품을 팔려는 사람들과 사려고 하는 사람들을 연결하는 인터넷 벼룩시장에 지나지 않았다. 이 회사는 이렇게 수요자와 공급자를 서로 만나게 해주는 네트워킹 기능에만 초점을 맞추고, 복잡하고 비용이 많이 드는 로지스틱스는 당사자에게 맡기는 정책을 썼다. 그러나 시간이 지나면서 이베이는 점점 상업적인 공급자를 위한 유통시스템을 닮아갔고, 그런 과정에서 원래의 매력을 조금 잃은 감이 있다.

네이버, 다음, 구글, 위키피디아, 레오 Leo.org, 그리고 이들과 비슷한 사이트들을 우리는 '지식네트워크'라고 부를 수 있다. 수요자가 핵심단어를 입력하면 이 사이트들은 답변 또는 선별된 답변을 큰 어려움 없이 제시해준다. 위키피디아는 비영리기관이며 운영을 아직까지 기부금에 의존한다. 이 회사의 설립자 지미 웨일스 Jimmy Wales는 손수 모금 활동을 열심히 하고 있다. 앞에서 언급한 대로 이렇게 엄청난 분량의 백과사전을 무료로 제공하는 것은 기존의 출판사들에게는 커다란 위협이다. 또한 다음, 네이버, 레오 같은 사이트들은 어학사전의 기능도 무료로 제공하므로 전통적인 종이 사전의 판매에 악영향을 줄 수밖에 없다. 레오는 광고 수입에 의존하는데 아직은 연간 매출액이 100만 유로밖에 안 된다. 어쨌든 인터넷 시대에서는 기업이 시장에서 올리는 매출이 매우 적은 액수로 쪼그라들 수 있다. 적어도 기업이 적합한 사업 모델을 갖고 있지 않을 때는 이 말이 들어맞는다.

현재까지 네트워킹을 통해 가장 크게 성공한 기업은 구글이다. **세계의 정보를 체계화하고 그것을 전반적으로 유용하면서도 접근 가능하게 하는 것**을 목표로 하고 있는 이 회사는 2012년에 312억 2,000만 달러의 매출과 107억 3,700만 달러의 이익을 올린 바 있다. 2013년 5월 15일 구글의 시가총액은 무려 3,038억 6,000만 달러에 달했다. 구글의 상표 가치는 1,600억 달러 정도로 추정된다.[68] 이 회사의 매출과 이익의 상당 부분은 구글 애드워즈 Google Adwords 에서 나온다. 이 시스템 덕분에 구글은 역사상 처음으로 광고 효과를 본격적으로, 그리고 적은 비용으로 측정할 수 있게 되었으며, 또한 광고 고객들에게 광고의 실제 성과만큼만 광고비를 지불하도록 했다. 그리고 애드워즈의 정교한 가격시스템은 고객들의 지불

용의가격에 최대한 가깝게 값을 매기는 작업을 거의 완벽하게 해내고 있다.

애플과 비슷하게 구글도 인터넷 네트워킹 능력을 활용하여 콘텐츠를 파는 것에 모범을 보이고 있다. 구글의 '사업의 정의'를 보면, 이 회사의 성장 가능성은 기존의 검색엔진을 훨씬 넘어서 거의 끝이 보이지 않는 듯하다. 특히 구글은 수익성이 좋아 보이는 모든 영역에 스스로 빨리 진입하거나 인수·합병을 통해 진출하는 회사다. 구글 스트리트뷰 Google Street View, 구글 어스 Google Earth, 구글 맵스 Google Maps, 수백만 권의 책을 스캔하여 기록하는 작업, 유튜브 YouTube, 모바일 인터넷 분야 진출 등이 그 중요한 사례들이다. 이러한 행태들은 구글의 전망을 더욱 밝게 해준다고 하지 않을 수 없다.

소셜 네트워크의
환상적인 가능성

최근 들어 인터넷의 또 하나의 환상적인 가능성을 보여주는 것이 바로 소셜 네트워크social network다. 이것은 소셜 미디어social media라고 불리기도 하며 페이스북, 트위터, 링크드인LinkedIn, 싱Xing, 스터디브이지StudiVZ 등이 그 대표적인 보기들이다. 이러한 시스템들은 인터넷의 네트워킹 능력을 거의 원형 그대로 활용하고 있다. 즉 이 업체들은 관심사가 같은 사람들을 서로 연결한다. 이러한 연결 짓기는 시간과 공간의 제약을 뛰어넘는다. 그리고 그 수요는 어마어마하다. 2013년 봄에 트위터의 경우 전 세계에서 약 2억 명의 이용자가 한 달 평균 4억 건의 메시지를 보냈으며, 페이스북 이용자들이 페이스북 페이지에서 보낸 시간은 한 달

평균 13억 시간에 달했다.

오늘날 전 세계적인 네트워크를 통해 친구, 지인, 동지들과의 관계를 유지·관리하고 이들과 갖가지 정보(소문, 음악, 사진 등)를 교환하는 것은 이제 흔한 일이다. 이러한 형태의 커뮤니케이션에서 공간은 아무 의미가 없다. 비슷한 방법으로 우리는 시간도 뛰어넘을 수 있다. 소셜 네트워크의 도움으로 우리는 옛 동창생들, 군대 시절의 동료들, 옛날 직장에서 함께 근무했던 사람들을 찾아내어 다시 교류를 시작할 수 있다. 소셜 네트워크 덕분에 우리는 오랜 동안 연락이 끊긴 옛날 벗들과 실제로 다시 만날 수 있다.

페이스북은 소셜 네트워크 가운데 가장 크고 가장 활발하다. 2013년 5월 현재 전 세계 페이스북 이용자는 약 11억 명이고, 한국에는 약 1,100만 명의 이용자가 있다. 그러나 이 회사는 계속 지배적인 소셜 네트워크로 남고자 할 뿐만 아니라, 다른 개발업체들을 위한 선도적인 플랫폼이 되고 싶어 한다. 이미 약 900만 개의 인터넷 사이트가 페이스북 플랫폼을 이용하고 있고, 그 중 한국 사이트는 약 50만 개로 추정된다. 따라서 페이스북은 애플이 애플리케이션 Apps을 통해 하는 것과 비슷한 전략을 추구한다. 즉 이 회사는 다른 공급자들과 최대한 밀접하게 네트워킹하는 것을 지향하는 전략을 쓰고 있다.

구글과 달리 소셜 네트워크의 경제적 성공은 아직 소박한 수준이다. 2012년 5월에 상장한 페이스북은 2012년에 49억7,000만 달러의 매출과 5,200만 달러의 이익을 올렸으며, 2013년 5월 27일의 시가총액은 약 587억8,000만 달러다. 즉 페이스북은 아직 구글과의 차이가 매우 크다.

소셜 네트워크는 무척 혁신적인 분야다. 한 예로 플립보드Flipboard라는 애플리케이션을 들 수 있다. 이것은 트위터, 페이스북 등에 올라온 내용 등을 잡지 같은 형태를 띤 사이트에 모아서 편하게 볼 수 있게 하는 앱이다. 즉 플립보드는 일종의 '소셜 미디어 신문'이다. 이 사례는 여러 매체들이 인터넷 안에서 서로 상대방 영역을 넘나들고 있으며, 그에 따라서 경계선이 불분명해지고 있음을 보여준다.

누군가 소셜 네트워크의 앞날이 밝다고 주장하면 우리는 동의할 것 같다. 그러나 한편 소셜 네트워크가 장래성 있는 사업 모델을 먼저 찾아야 한다는 것도 사실이다. 그러나 이것은 상당한 위험을 내포한다. 이제는 사용자의 인심을 거의 잃어버린 마이스페이스MySpace의 운명이 그러한 위험성을 잘 보여준다. 스토 보이드Stowe Boyd를 비롯한 많은 전문가들이 마이스페이스처럼 페이스북도 일시적인 현상에 그칠 것이라고 본다. 그들이 그렇게 생각하는 까닭은 이 회사가 사용자의 신뢰를 잃었고 또 다른 시스템에 의해 대체될 것이라고 보기 때문이다.[69] 보이드는 소셜 네트워크 사용자의 행태를 아래와 같이 표현한 바 있다.

"사람들이 빨리 들어온 것만큼 그들은 다시 빨리 빠져나간다."[70]

인터넷 마케팅의 도전

인터넷을 통한 마케팅이 최근 큰 인기를 끌고 있다. 2013년 1/4분기 우리나라의 전자상거래 총 거래액은 약 287.1조 원이었으며, 이것은 1년 전의 같은 기간에 비해 2.1퍼센트 늘어난 액수다. 그리고 2013년 1/4분기 사이버쇼핑 총 거래액은 9조560억 원으로 전년도 같은 기간에 비해 12.2퍼센트 증가했다.

젊은이들이 인터넷을 많이 쓰고 또 그들의 인터넷 사용 시간이 해가 갈수록 점점 더 길어지고 있는 것은 사실이다. 그러나 그렇다고 해서 인터넷이 그들의 전유물은 결코 아니다. 〈그림 5-2〉, 〈그림 5-3〉, 〈그림 5-4〉는 우리나라의 연령대별 인터넷 이용률, 연령

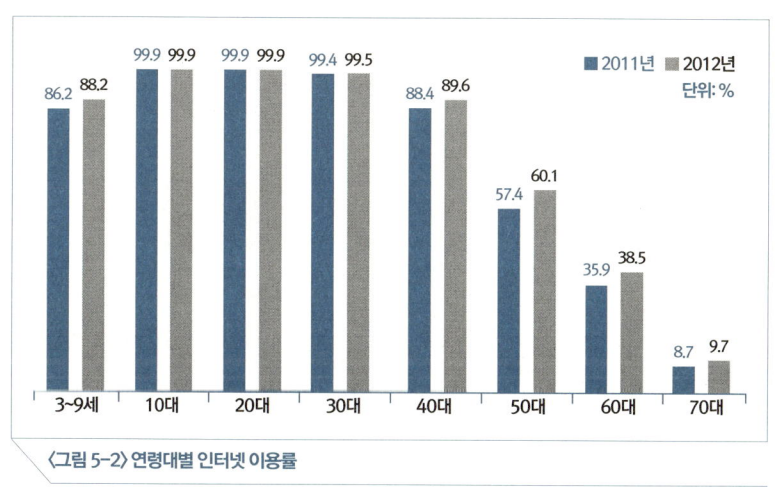

<그림 5-2> 연령대별 인터넷 이용률

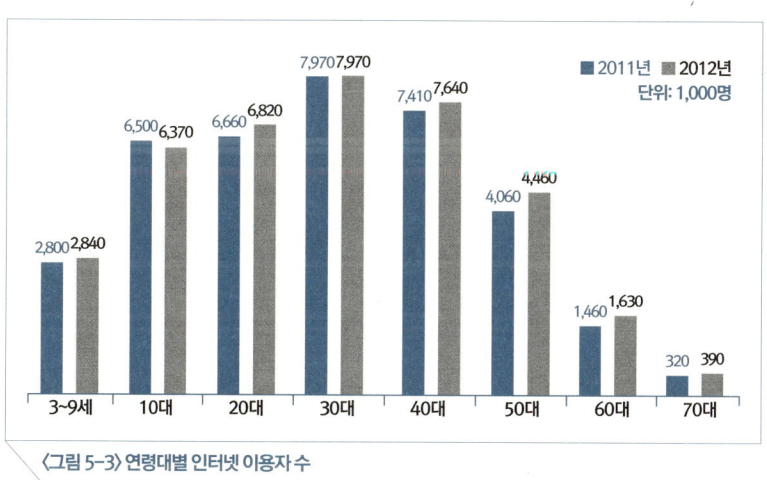

<그림 5-3> 연령대별 인터넷 이용자 수

대별 인터넷 이용자 수, 연령대별 인터넷 이용자 구성비를 각각 보여준다. 이 그림들에서 알 수 있듯이 인터넷은 사실상 이제 모든 연령대의 사람들이 이용하고 있다. 즉 기업이 인터넷을 통해 모든

<그림 5-4> 연령대별 인터넷 이용자 구성비

연령대의 고객들에게 다가갈 수 있는 시대가 온 것이다.

인터넷은 항공여행, 관광, 전자 등의 분야에서 특히 많이 쓰인다. 우리는 흔히 검색엔진을 이용하면서 인터넷을 쓰기 시작한다. 그래서 상업적인 각종 제안 및 매물과 연결된 검색엔진으로서의 구글이 '황금알을 낳는 거위'가 될 수 있었다. 또한 고객들의 논평, 블로그, 소셜 네트워크 등이 제품의 구매결정시 점점 더 많은 영향을 끼치고 있다. 그 중에서도 제품을 실제 써본 사람들이 올리는 글 peer review 은 영향력이 막강하다.[71]

마케팅의 대가 필립 코틀러 Philip Kotler 는 이러한 사용자 논평의 순위를 매긴 바 있다. 가장 나쁜 것은 주로 부정적인 내용이 담긴 논평이고, 가장 좋은 것은 긍정적인 내용이 태반인 논평이다. 그는 부정적인 내용과 긍정적인 내용이 섞인 논평이, 논평이 없는 것보다 더 낫다고 생각한다. 즉 그는 인터넷에서 별로 화제가 되지 않는 것이 끝에서 두 번째로 좋지 않다고 본다.[72]

대체로 배너의 형태를 띤 인터넷 광고는 그 영향력이 현저하게 약하다. 그것보다는 기업 자체의 홈페이지가 더 중요한 듯하다. 우리나라는 정보통신 인프라가 매우 잘 구축되어 있어 소비자가 인터넷을 통해 정보에 접근하기가 매우 쉽고 또 그러한 정보를 상당히 잘 활용하는 편이다. 오늘날 인터넷은 이미 모든 매체 중에 소비자의 구체적인 구매행동에 가장 큰 영향을 미친다. 이러한 영향력이 앞으로 더 커질 것임은 의문의 여지가 없다.

그러나 이러한 진단에도 불구하고 체계적인 마케팅을 위해 인터넷을 활용하는 것은 아직 걸음마 단계다. 이른바 검색엔진 마케팅만이 어느 정도 과학화된 듯하다. 오늘날 인터넷이 제공해주는 수많은 신빙성 있는 자료는 앞 세대의 마케팅 조사자들은 꿈도 꿀 수 없었던 것들이다. 이러한 자료들을 기업의 목표를 달성하는 데 도움이 되는 방향으로 해석하는 것은 커다란 도전이자 동시에 미래의 엄청난 기회이기도 하다. 이 작업을 경쟁사들보다 더 잘하는 회사는 결정적인 경쟁우위를 갖게 될 것이다.

소셜 네트워크라는 관점으로 보면, 마케팅의 미래는 하이퍼링크

hyperlink로 가능하면 최적optimal의 방법으로 관련 정보들을 서로 연결하는 것에 있다. 우리는 흔히 인터넷에서 몇 단계를 거쳐야 비로소 우리가 원하는 상품이나 서비스를 발견한다. 따라서 한 사이트가 다른 사이트들과, 물론 올바른 right 사이트들과 강하게 연결되어 있을수록 한 고객이 자신이 바라던 상품이나 서비스를 찾고 그것을 구매할 확률은 높아지게 마련이다.

이러한 과정에서 가장 핵심적인 역할을 하는 것은 개인 관련 자료다. 그러나 개인정보보호법을 비롯한 각종 규제 탓에 개인 관련 자료를 활용하는 마케팅은 벽에 부딪힐 수밖에 없다. 그래서 소셜 네트워크를 운영하는 회사들은 커다란 내적 갈등에 봉착할 가능성이 있다. 즉 그들은 한편으로는 여러 산업의 많은 회사들이 군침을 흘릴 만한 정보를 풍부하게 갖고 있다. 그러나 동시에 이러한 정보의 상당 부분이 개인정보보호법의 적용을 받는 개인 관련 정보와 비밀이 지켜져야 하는 정보 즉 기밀이다. 자신들에 관한 자료가 남용·악용되지 않을 것이라는 이용자들의 믿음은 어떤 경우에도 결코 저버리면 안 되는 가치이며, 해당 회사에게는 소중하면서도 무척 다루기 힘든 자산이다.

끝으로 인터넷 현상을 맞이하여 어찌할 바를 모르고 그것을 이해하기 힘들어 하는 모든 분들에게 우리는 아래와 같은 도움말을 드리고 싶다.

"당신이 서른 살이 넘었으면, 인터넷을 이해할 수 있다고 기대하지도 말고 이해하는 척하지도 마십시오. 그것은 그냥 디지털 토박이들digital natives에게 맡기십시오."

고객과 네트워킹하는 데 더 많은 시간을 쏟아라

인터넷은 고객들과 네트워킹할 수 있는 환상적인 가능성을 열어준다. 그러나 앞으로도 기업이 이러한 방식으로만 고객들에게 다가가면 안 된다. 기업은 고객들과 접촉하는 표면이 넓어야 한다. 그들과 개인적으로 직접 접촉하고 관계를 구축하는 것은 인터넷 시대에도 그 중요성을 결코 잃지 않는다. 많은 회사들이 수많은 영업사원, 고객상담실 직원, 콜센터 근무자, 주요고객key account 담당자 등을 고용한다. 이러한 조직을 운영하는 데는 막대한 비용이 소요된다. 그러나 이런 거대 조직의 효용성은 어떠한가?

고객들과 네트워킹하고 그들을 단골로 만들기 위한 핵심 요건의 하나는 회사 직원들이 고객과 직접 접촉하는 데 쓰는 시간이다. 이것은 영업부서와 기타 고객 담당 부서뿐만 아니라 회사의 구성원 모두에게 해당되는 이야기다. 대부분의 경우 기업에 있는 사람들이 실제로 고객들과 함께 보내는 시간은 매우 적다. 바로 여기에 엄청난 개선의 여지가 있다. 고객과의 시간을 늘리는 것은 영업은 두말할 나위 없고, 제품 개발, 과정의 조직화 process organization, 변화관리 등 경영의 여러 측면에 큰 도움을 줄 수 있기 때문이다.

크리스틴 리치 Christine Licci 라는 독일의 여성 경영자는 독일 씨티은행의 행장으로 있을 때 직원들이 고객들과 보내는 시간을 60퍼센트나 올렸다고 한다. 또 삼성생명, 한화생명과 치열한 보험영업 경쟁을 벌이는 교보생명은 결국 성공의 열쇠는 1만8,000명의 보험설계사들이 고객과 함께 있는 시간을 늘리는 것이라고 결론지었다. 그래서 교보는 설계사들이 실제 활동량을 늘리도록 그들을 지도하고 있다.

회사가 시간이라는 희소자원을 고객을 위해 더 많이 쓸수록 제품이 더 많이 팔리고, 교차판매 cross-selling, 즉 같은 회사의 다른 제품과 서비스의 판매도 늘어난다. 그뿐만 아니라 고객과의 관계도 더 깊어진다. 고객들과의 지속적이고 밀접한 관계는 그들을 위해 시간을 투자해야만 얻을 수 있는 회사의 귀중한 자산이다. 그러나 현실을 보면 영업사원들조차 그들의 시간의 매우 적은 부분만을 고객들과 직접 접촉하는 데 쓰고 있다. 특히 고객들이 여기저기 흩어져 있어 이동하는 데 시간을 많이 쓰면 더욱 그 비중이 낮아진다.

전문가들에 따르면 영업사원들의 전체 근무시간 중 실질적인 영업활동이 차지하는 비율이 3분의 1을 넘는 경우가 드물다고 한다. 아무리 노력해도 이것이 100퍼센트가 될 수는 없을 것이다. 고객을 만나러 이동하는 시간, 방문을 위한 준비시간, 방문이 끝난 후의 정리시간 등은 어차피 피할 수 없다. 그럼에도 불구하고 개선의 여지가 많다고 할 수 있는 것은, 많은 기업에는 아직도 관료주의가 지나치게 팽배해 있기 때문이다. 고객과 만나는 시간을 늘리려면 관료주의를 무너뜨리고 각종 보고서 작성 등의 잡무를 과감히 줄여야 하며, 방문계획을 더 치밀하게 짜야 한다. 이러한 목적을 달성하려면 실제로 고객과 접촉하는 직원들의 일을 줄여주어야 한다.

오늘날 대부분의 기업에는 사람이 너무 많다. 그래서 경영자는 내근직원들을 어떻게 활용하면 영업사원들이 관료주의에서 해방되고 그들이 고객들과 더 많은 시간을 보낼 수 있을까 하는 문제를 검토할 필요가 있다. 지금까지 안에서만 근무하던 사람이 훌륭한 영업사원으로 변신하는 경우는 흔치 않다. 그러나 내근사원들을 영업 전선에 배치하는 것은 영업사원들이 짊어져야 하는 관료주의라는 짐을 덜어준다는 긍정적인 효과를 낳을 수 있다.

고객들과의 시간을 늘리기 위한 또 하나의 방안은 외부 인력을 투입하는 것이다. 예를 들어, 해외에서는 콜센터가 외근 직원을 위해 스케줄 관리를 해줌으로써 영업사원들이 고객과 보내는 시간을 늘리는 데 이바지한다. 만약 이런 방법으로 고객과 함께 있는 시간이 15퍼센트에서 20퍼센트로 오른다면, 실질적인 영업시간이 3분의 1이나 늘어나는 효과가 있는 것이다.

뛰어난 영업사원들이 회사에서 중요한 역할을 담당하는 희귀한 자원이라는 사실은 이제 널리 알려져 있다. 그렇다면 더 많은 회사들이 이러한 기회를 현재 활용하지 않는 것이 오히려 의아스럽게 느껴진다. 그러나 고객과의 시간은 영업부서하고만 관계가 있는 것이 아니다. 세계시장을 석권한 초일류 중소기업들, 이른바 히든 챔피언들의 직원들은 비율로 보면 대기업 직원들보다 평균 다섯 배나 많은 사람들이 고객들과 정기적으로 접촉하고 있다. 이런 것이 바로 진정한 의미의 고객지향 정신이다.

그렇다면 대기업은 어떻게 해야 하는가? 어느 석유회사의 최고경영자는 분기에 한 번씩 주유소 등의 현장에서 직접 근무한다. 이러한 경험을 하고 나서 그는 다음과 같이 말했다고 한다.

"영업 현장에서 일어나는 일에 관해 아무도 나를 속일 수 없다. 왜냐하면 나는 주유소에서 또는 난방유를 내주면서 직접 고객들을 경험하기 때문이다. 나는 어떤 것이 고객에게 먹히는지 알고 있다."

호텔 체인 하얏트는 시카고 본사의 업무를 일주일 동안 모두 중단하고 모든 임직원들이 하얏트 체인망에 속한 각 호텔에서 객실 담당, 웨이터, 응접계 등으로 일한 적이 있다. 또한 일본의 혼다, 미국의 휴렛-패커드, 뒤퐁의 엔지니어들과 생산직 직원들은 가끔 고객들을 방문하여 그들의 의견을 직접 듣고 또 현장에서 그들의 문제점을 손수 파악한다.

도이치텔레콤 Deutsch Telecom 의 사장 카이-우베 리케 Kai-Uwe Ricke 는 2005년에 도이치텔레콤의 모든 임원들로 하여금 1년에 닷새 동안 고객들과 만나는 현장에서 근무하도록 하는 방침을 발표한 바 있다. 그는 이 프로그램을 성공시키기 위해 임원들의 현장 활동을 그들의 보너스에 반영하고 있다. 회사가 취하는 이러한 상징적인 조치들은 회사 내부에 상당한 영향을 주었고 또 줄 것이 틀림없다.

현대 기업사회에서 꼭 필요한 고객과의 총체적 네트워킹 total networking 을 위해서는 인터넷이 필수이지만 그것만으로는 부족하다.

고객들과 개인적인 관계를 맺는 것도 결코 빼놓을 수 없는 중요한 요소다.

지금까지 우리가 논의한 내용은 지극히 간단하고 상식적인 수준이라 하찮게 들릴 수도 있다. 그러나 기업은 그저 그렇게 해야 한다. 많은 회사들이 고객을 끌어들이기 위해 지불하는 엄청난 비용을 생각하면 아마 지금보다 더 열심히 그렇게 해야 할 것이다.

Epilogue

성장의 길은 넓다

유필화

성장하느냐, 뒤처지느냐

기업이 갈 수 있는 길은

둘 중의 하나뿐이네

정지나 머무름은 있을 수 없네

세계는 충족되지 않은 욕구,

풀리지 않은 문제로

넘치고 있네

이들은 모두

성장의 기회라는

애칭을 갖고 있네

그러나 구슬이 서 말이라도 꿰어야 보배고,

성장의 기차는 빨리 달리네

그것을 재빨리 발견하고,

과감히 뛰어올라야 하리

마음의 문을 활짝 열고

눈을 크게 뜨고

세계를 보아라

귀 기울이는 자에게

복이 있으리

성장의 길은 우리 앞에

넓게 펼쳐져 있네

우리는 그 길을 가기만

하면 되리

주

1 Mauro F. Guillen, 〈Where Is Globalization Taking Us〉, Philadelphia: Wharton School, 2010. 저자들의 추정.
2 Ken-Ichi Ohmae, 《Macht der Triade-Die neue Form weltweiten Wettbewerbs》, Wiesbaden: Gabler-Verlag, 1985.
3 이 회사의 최고경영자가 헤르만 지몬 교수에게 직접 이 말을 했다고 함.
4 'Bosch Rexroth hofft auf Fernost', 〈Frankfurter Allgemeine Zeitung〉 2010년 5월 14일자 16면.
5 Christoph Hein, 'Die Dritte Welle', 〈Frankfurter Allgemeine Zeitung〉 2010년 7월 17일자 13면.
6 'New Poverty Index Unveiled', 〈Time〉 2010년 7월 26일자 5쪽.
7 Akash Vapur, 《India Becoming: A Portrait of Life in Modern India》, New York: Riverhead, 2012.
8 지니지수가 0이면 완벽한 평등이고 100이면 완벽한 불평등이다. 즉 지니지수가 클수록 소득의 불균형이 크다.
9 'Small Fish in a Big Pond', 〈The Economist〉 2009년 9월 10일자.
10 'Die Volks-Wagen-Republik', 〈Süddeutsche Zeitung〉 2012년 4월 24일자 17면.
11 'Große Pläne mit kleinen Pretiosen', 〈Frankfurter Allgemeine Zeitung〉 2012년 3월 12일자 14면.

12 'Upmarket makeover for "Made in China"', 〈Financial Times〉 2012년 3월 21일자 15면.
13 〈Frankfurter Allgemeine Zeitung〉 2010년 7월 16일자.
14 'Economic Focus', 〈The Economist〉 2011년 12월 31일자 57쪽.
15 벼를 베고 탈곡까지 하는 과정, 즉 수확 및 탈곡에 모두 쓸 수 있는 농기계.
16 Johnny Erling, 'China wird zur Megacity', 〈Die Welt〉 2010년 9월 17일자 6면. 이 단락에 나오는 수치는 모두 이 기사에서 뽑음.
17 Niall Ferguson, 'Wir erleben die finanziellen Symptome eines Weltkrieges', 〈Frankfurter Allgemeine Zeitung〉 2009년 2월 24일자.
18 〈Frankfurter Allgemeine Zeitung〉 2009년 7월 4일자 13면.
19 〈Financial Times〉 2010년 11월 9일자 9면.
20 〈Süddeutsche Zeitung〉 2009년 3월 14일자 28면.
21 Kuβ, A./Tomczak, T., 《Marketingplanung: Einführung in die marktorientierte Unternehmens- und Geschäftsfeldplanung》, 5. Auflage, Wiesbaden: Gabler, 2007.
22 Meffert, H./Burmann, C./Kirchgeorg, M., 《Marketing: Grundlagen marktorientierter Unternehmensführung: Konzepte-Instrumente-Praxisbeispiele》, 10. Auflage, Wiesbaden: Gabler, 2008.
23 Walker, O. C./Boyd, H. W./Larréché, J.-C., 《Marketing Strategy-Planning and Implementation》, Homewood: Irwin, 1992.
24 Buzzell, Robert D.; Gale, Bradley T., 《The PIMS Principles: Linking strategy to performance》, New York and London: Free Press, 1987.
25 Henderson, B., 《Perspectives on Experience》, Boston: The Boston Consulting Group, 1968.

26 Jacobson, R./Aaker, D. A., 'Is Market Share All that It's Cracked up to be?', 〈Journal of Marketing〉 Vol.49, No.4, pp.11~22, 1985.

27 Farris, P./Moore, M., 《The Profit Impact of Marketing Strategy Project: Retrospect and Prospects》, Cambridge University Press, 2003.

28 Ailawadi, K. L./Farris, P. W./Parry, M. E., 'Market share and ROI: Observing the Effect of Unobserved Variables', 〈International Journal of Research in Marketing〉 Vol.16, No.1, pp.17~33, 1999.

29 Lanzillotti, R., 'Pricing Objectives in Large Companies', 〈American Economic Review〉 Vol.49, No.5, pp.921~940, 1958.

30 Armstrong, J./Green, K., 'Competitor-Oriented Objectives: The Myth of Market Share', 〈Working Paper〉 No.17/05, Monash University, Victoria, 2005.

31 Miniter, R., 《The Myth of Market Share》, London: Nicholas Brealey Publishing, 2002.

32 Milne, R., 'BMW Shifts Focus from Sales to Profitability', 〈Financial Times〉 2007년 9월 28일 p.17, 2007.

33 Godefroid, P., 《Business-to-Business-Marketing》, 3. Auflage, Ludwigshafen: Kiehl-Verlag, 2003.

34 Diller, H., 《Preispolitik》, 4. Auflage, Stuttgart/Berlin/Köln: Kohlhammer.

35 UN 세계개발보고서.

36 Mahajan, Vijay, 《The 86 Percent Solution-How to Succeed in the Biggest Market Opportunity of the 21st Century》, Philadelphia: Wharton School, 2006.

37 혼다는 새 모델의 이름을 'Wave a'라고 지었다.

38 Kurzweil, R., 《The Singularity Is Near》, New York: Penguin Books, 2005.

39 Oliver Koppel, 《Das Innovationsverhalten der technikaffinen Branchen, Gutachten für den Verband Deutscher Ingenieure (VDI)》, Köln: Verlag des Instituts der Deutschen Wirtschaft, April 2006.

40 Kurzweil, R., 《The Singularity is Near: When Humans Transcend Biology》, New York: Viking Books, 2005.

41 이 분야의 요즘 유행어는 "Totally Integrated Automation"이다.

42 'Kraft's Sweet Tooth', 〈Time〉 2010년 7월 19일자 44쪽.

43 'Billigmarken verlieren Marktanteile', 〈Frankfurter Allgemeine Zeitung〉 2010년 7월 12일자 15쪽.

44 'Small Firms Resort to Freebies and Special Deals', 〈Wall Street Journal〉 2009년 2월 5일자.

45 〈Advertising Age〉 2009년 11월호.

46 'Small Firms Resort to Freebies and Special Deals', 〈Wall Street Journal〉 2009년 2월 5일자.

47 Michael Fassnacht, 'Marketing nach der Krise: Die Perspektive der USA', Vortrag beim 1. 〈Campus for Marketing〉, WHU Koblenz, Vallendar, 2010년 9월 23일.

48 "Save money on your back doctor-invest in a quality mattress."

49 'Messe Frankfurt unterstützt finanzschwache Anbieter', 〈Frankfurter Allgemeine Zeitung〉 2010년 2월 11일자 15면.

50 'Small Firms Resort to Freebies and Special Deals', 〈Wall Street Journal〉 2009년 2월 5일.

51 'Sparzwang beflügelt Wolkenkonzept', 〈Handelsblatt〉 2009년 3월 2일자.

52 'Kein offenes Scheckbuch,' 〈Wirtschaftswoche〉 2009년 2월 19일자 12면.

53 이 기법들에 관해서는 다음 서적을 참조하기 바람. 유필화, 헤르만 지몬, 마틴 파스나하트, 『가격관리론』, 박영사, 2012년.

54 독일 북부에 있는 하노버에서 매년 열리는 세계 최대의 정보통신기술 전시회.

55 Stephan Finsterbusch, 'Vom PC zum handlichen TC,' 〈Frankfurter Allgemeine Zeitung〉 2010년 9월 24일자 19면.

56 1990년대 중반에 애플은 이미 'Newton Message Pad'라는 비슷한 제품을 내놓은 바 있다. 그러나 이것은 시장에서 실패하고 말았다.

57 고객은 아이튠즈를 통해 음악뿐만 아니라 많은 콘텐츠도 구입할 수 있다.

58 종교나 우상처럼 고객을 포로로 만들고 열병을 앓게 만드는 상표.

59 'Bertelsmann setzt auf Boom digitaler Bücher,' 〈Frankfurter Allgemeine Zeitung〉 2010년 8월 2일자 18면.

60 〈포춘〉 2011년 2월 28일자 10면에 실린 모건 스탠리 Morgan Stanley 의 분석가 스콧 데빗 Scott Devitt 의 말.

61 〈Capital〉 2010년 6월호 18쪽.

62 Klara Keute, 'Der kostbare Wortschatz,' 〈Frankfurter Allgemeine Zeitung〉 2010년 3월 4일자.

63 2013년 5월 현재 허핑턴포스트의 월 방문자 수는 7,300만 명이고 하루 평균 게재되는 기사 건수는 4,000건, 자발적으로 글을 올리는 블로거 수는 4만 명이다.

64 'The People Who Shape Our World', 〈Time〉 2006년 8월 3일자.

65 'Wie man das Netz aufmischt', 〈Frankfurter Allgemeine Zeitung〉 2010년 7월 12일자 32면.

66 Rick Levine, Christopher Locke, Doc Searls, David Weinberg, 《The Cluetrain Manifesto》, Cambridge, MA: Perseus Publishing, 2000.

67 Billboard.Biz Bulletin, 2010년 9월 24일자 3면.

68 'Brand Z Top 100,' Millwardbrown.com, 2010.

69 Gespräche mit Stowe Boyd, 'Facebook ist eine vorübergehende Phase', 〈Frankfurter Allgemeine Zeitung〉 2010년 5월 18일자 17면.

70 위와 같음.

71 해외에서는 이른바 peer review가 구매결정에 가장 영향을 많이 끼친다는 조사결과가 나와 있다. 예: Michael Fassnacht, 'Marketing nach der Krise: Die Perspektive der USA', 2010년 9월 23일 독일 Koblenz에 있는 WHU에서 열린 교내 마케팅 강연.

72 Philip Kotler, 'Next Generation Marketing', 2010년 7월 2일 멕시코시티에서 행해진 강연.

찾아보기

ARRI	99	가트너	208
ASML	147	개발도상국	22, 34, 136, 140, 158, 186
ASEAN	32, 63	거대도시	44, 52
BCG 도표	6, 121	게리 카스파로프	151
BMW	123, 195	게오르그 코플러	188
CEBIT	208	게트락	47
EPK	88, 180, 192	결정계수	19
GE	48, 84, 86, 106, 121	경영자의 악몽	118
IGUS	160	경제민주화	69
JVM	78	경제성장률	15, 26, 40, 58, 134
LG전자	20, 157	경험곡선효과	120
LVMH	142	골프존	100
OLPC	138	교보생명	166, 241
PIMS 프로그램	6, 119, 121	교차판매	241
SAP	100, 113	구글	8, 208, 225, 228, 236
YG-1	75	구글 애드워즈	228
ZTE	45	국민총생산 GDP	19, 22, 29, 57
가격준수 프리미엄	125	그로만-엔지니어링	76
가격탄력성	168, 180	그로츠-베커르트	193

그룹 호르겐	193	라이언에어	202
뉴 이코노미	206	라탄 타타	45
니알 페르구손	64	락슈미 미탈	45
니콘	147	란탈	194
니콜라 라이빙어-캄밀러	93, 96	랑에 운트 죄네	145
니콜라 사르코지	66	래리 크래머	226
니콜라스 네그로폰테	200	랜덤하우스	213
다우존스	111	레노보	45
다임러-크라이슬러	107, 111	레오 Leo.org	214, 227
닥스	111	레이 커즈와일	151
단축된 시간	169	뢰베	123
단포스	46	르노	136
대한항공	158	리치몬트	142
데막	50	릴라이언스	45
데틀레프 브라운	183	링크드인	230
도요타	90, 101	마이바흐	143
도이체 메쎄	50	마이스페이스	232
도이체반	131	마이크로소프트	138, 211
도이치텔레콤	244	마켓워치	226
두쓰만 그룹	50	맥킨지	48
드라고코	78	메디아 마르크트	184
드레거	74	메쎄 프랑크푸르트	183
디지털 토박이들	218, 239	명품시장	48, 142
딥 블루	151	무어의 법칙	139

물물교환	185	사스 Saas	189
미구엘 세바스티안	65	사우스웨스트항공	202
미디어-새턴	191	삼성에버랜드	158
미쉐린	195	삼성전자	20, 69, 99, 101, 210
밀레	149	상대적 시장점유율	120, 146
바더	152	선일금고제작	77
바이엘	101	선형회귀분석	19
바일란트	189	소셜 네트워크	230
반세계화	62, 67	쉬마잉	193
반츨	149	슈테판 야코비	47
버락 오바마	21, 65	스무트-할리 관세법	65
베르톨트 라이빙어	91	스위스에어	198
베른트 하일만	194	스코프비지오	190
베스타스	84	스터디브이지	230
베텔스만	213	스토 보이드	232
벤틀리	143	스톡옵션	109, 111
보더스	214	스티브 잡스	218
보쉬	34, 63, 101, 137	시어도어 레빗	62
볼보	47	싱	230
뷔르트	50	씨젠	73
브리태니커	214	씨티은행	241
블라디미르 푸틴	66	아르셀로르-미탈	45
비제이 마하잔	135	아마존	213
사베나	198	아시아나항공	159

아우디	47	요르겐 클라우젠	46
아이디스	74	원가우위	89, 169, 180
아이린 로젠펠드	169	위르겐 쉬렘프	107
아이튠즈	211	위키리크스	220
아이팟	210	위키피디아	208, 225, 227
아이패드	208	위험 지각	172
아이폰	211	위험 회피	172
아탁	64	유라프리카	55
안소프 모델	95	유투브	229
알로이스 보벤	83	이-리더	214
알리탈리아	198	이베이	225
알버트 히로니무스	34	이-쉽	86
앙겔라 메르켈	66	이언 로버트슨	195
애프터시장	195	이해관계자 가치	109
애플	8, 101, 208, 211, 218, 225	인줄라 테라	196
애플리케이션(앱)	231	인퓨전소프트	174
앨런 키	208	일반상품화	199
앨프리드 래퍼포트	106	자동화	150
에네르콘	82	재포지셔닝	137
에르메스	144	잭 웰치	106, 121
역할인 인센티브	125	전략적 경쟁우위	75, 156
오리카	190	전략적 사업단위	121
오마에 겐이치	25	정보기술IT	14, 41, 189, 202
오토존	196	제너럴 모터스	151

제록스	208	킨들	213
젠하이저	147	타타	44, 136, 141
존슨앤존슨	166	트룸프	89
조셉 엥겔버거	151	트위터	208, 230
주주가치	106	틈새시장	47, 142
지로나	102	팩토링	171
지멘스	84, 101	페날리지아	191
지미 웨일스	227	페라리	143
지식네트워크	227	페르디난도 베칼리-팔코	48
진젠타	187	페르디난드 두덴회퍼	48
질리	47	페어필스트	184
초고가시장	7, 134	페이스북	8, 208, 225, 232
초저가시장	7, 134	포르쉐	47, 123, 131
치메리카	55	폭스바겐	47
카이-우베 리케	244	푸조 시트로엥	123
칼 자이스	147	프라운호퍼	99
컬트 브랜드	211	프랑크 블라제	160
코플러 에너지	188	프랑크 슈튀렌베르크	46
콤다이렉트	178	프레제니우스	75
크라프트	169	프레트문트 말릭	107
크로네스	76	플리커	208
크리스틴 리치	241	플립보드	232
클라스	49, 152	피닉스 콘택트	46
클라우드 컴퓨팅	189	피시온 오디오	175

피아제	142
피터 드러커	108
필립 코틀러	236
하르만앤라이머	78
하리보	166
하쏘 플라트너	100
하얏트	244
하이얼	45
하이코 후리쉬	153
하코	193
한계비용	199
한미글로벌	101, 207
할리-데이비슨	131
〈허핑턴포스트〉	220
헤라우스	102
현대자동차	47, 69, 99, 101, 175
혼다	137
화웨이	45
히든 챔피언	71

유필화

유필화 교수는 서울대학교(경영학사)와 미국 노스웨스턴대학교(경영학석사), 하버드대학교(경영학박사)에서 공부했으며, 독일의 빌레펠트대학교에서 가르쳤고, 역시 독일의 독일경영연구원(USW)에서 연구했다.

1987년부터 성균관대학교 경영학과 교수로 재직 중인 그는 일본 게이오대학교 비즈니스스쿨과 서울대학교 경영대학에서 각각 1년씩 초빙교수로 근무했으며, 한국경영학회 편집위원장과 한국마케팅학회 회장을 역임했다. 현재는 성균관대학교가 삼성그룹과 미국 MIT의 도움을 얻어 설립한 SKK Graduate School of Business의 학장으로 재직 중이다.

그는 국내외에서 많은 논문을 발표했으며, 독일의 Ferger 출판사에서 나온 《Die Weisheit der Unternehmensführung-Von Buddha lernen》, 일본의 동양경제신보사에서 나온 《付加價値の源泉》, 《가격관리론》, 《역사에서 리더를 만나다》, 《유필화와 헤르만 지몬의 경영담론》, 《현대마케팅론(현재 제8판)》, 《CEO, 고전에서 답을 찾다》, 《부처에게서 배우는 경영의 지혜》 등 지금까지 20여 권의 경영학 관련 저서를 독일, 중국, 일본, 한국에서 출간한 왕성한 저술가다. 또한 그는 최근에 《사랑은 사랑이 아닙니다》라는 시집을 출간하여 많은 화제를 뿌리기도 했다.

영어·독일어·일본어를 우리말처럼 구사하는 그는 제일기획의 사외이사를 역임한 바 있으며, 현재 교보생명의 사외이사이자 감사위원장으로도 활동 중이다.

헤르만 지몬

'히든 챔피언' 개념의 창시자이자 '유럽의 피터 드러커'로 불리는 헤르만 지몬 교수는 독일의 쾰른대학교와 본대학교에서 공부했으며, 본대학교에서 경영학 박사학위를 받고 동 대학에 교수자격논문(Habilitation)을 제출했다.

독일의 빌레펠트대학교 교수, 독일경영연구원(USW) 원장, 마인츠대학교 석좌교수를 역임했으며, 미국의 스탠포드대학교, 하버드대학교, MIT, 프랑스의 INSEAD, 일본의 게이오대학교에서 학생들을 가르치고 연구에 몰두했다. 현재는 국제적인 마케팅 전문 컨설팅회사 지몬-쿠허 앤 파트너스(SKP)의 회장이며 영국 런던비즈니스스쿨의 영구초빙교수다.

그는 세계적인 베스트셀러인 《히든 챔피언》을 비롯하여 《승리하는 기업》, 《Manage for Profit, not for Market Share》, 《Power Pricing》, 《Preismanagement(가격관리론)》 등 40여 권의 주옥같은 저서를 세계 10여 개 나라에서 출간했으며, 세계 각국의 학술잡지에 수백 편의 논문을 발표했다.